Verehrt den heiligen Josef

Wer den heiligen Josef ehrt, der ehrt zugleich die seligste Jungfrau Maria. So verpflichtet er beide, ihm jegliche Gnade zu erwirken, und so verpflichtet er Gott, sie ihm zu geben. *Heiliger Vinzenz Pallotti*

Das Beispiel Jesu Christi, der, als er auf Erden lebte, den heiligen Josef so hoch verehrte und ihm gehorsam war, sollte hinreichen, um alle Herzen mit Andacht zu diesem großen Heiligen zu entflammen.

Von dem Augenblick an, da Gott den heiligen Josef zu seinem Stellvertreter erwählt hatte, betrachtete ihn unser Heiland immer wie seinen eigenen Vater, ehrte ihn als solchen und gehorchte ihm dreißig Jahre lang.

Heiliger Alfons Maria von Liguori

Isenegger / Holböck

Verehrt den heiligen Josef

Gebete und Andachten

ausgeschmückt mit Zitaten von Kirchenlehrern und
Theologen, sowie
Geschichten zu Ehren des heiligen Josef

MIRIAM VERLAG

247/84 Salzburg, 3. April 1984

Für die Drucklegung des Buches „Verehrt den heiligen Josef" von Marie-Therese Isenegger wird hiermit das Nihil obstat des eb. Ordinariates Salzburg erteilt.

Eb. Ordinariat: Johann Maier
Ordinariatskanzler

Titelfoto: Archiv Miriam-Verlag

4. Auflage im April 2012

Satz und Druck: Miriam-Verlag
Printed in Germany

ISBN 978-3-87449-156-3

Inhaltsverzeichnis

Geleitwort

Über den heiliger Josef, dessen Verehrung im Laufe der Kirchengeschichte erfreulicherweise immer mehr zugenommen hat und immer noch zunimmt – wenn wir etwa an den (vom Papst Benedikt XVI. im Oktober 2010 heilig gesprochenen) Laienbruder Andreas Bessete in Montreal in Kanada denken, der durch die Fürsprache des von ihm viel verehrten heiliger Josef ganz Unglaubliches erreichte –, ließe sich viel schreiben, etwa über seine Tugenden, über seine Freuden und Leiden, über seine Heilsfunktionen im Christusereignis, über seine verschiedenen Patronate und vor allem über seine Aufgabe in der Hauskirche von Nazaret und in der Weltkirche.

Entscheidend ist, dass der heiliger Josef wirklich nachgeahmt, angerufen und verehrt wird als der ganz edle, reine Gemahl der seligsten Jungfrau Maria, als der jungfräuliche Vater Jesu Christi und als der große Schutzpatron. Dafür gibt die vorliegende Sammlung schöner Texte von Heiligen über den heiliger Josef, von kräftigen Gebeten und schönen Liedern zu Ehren dieses großen Heiligen eine Fülle von wertvollen Anregungen. Darum kann man diesem Betrachtungs- und Gebetbuch zu Ehren des heiliger Josef weite Verbreitung und eifrige Benützung wünschen.

Prälat Dr. Ferdinand Holböck

Der heilige Josef mit dem Jesuskind (Friedolin Leiber)

Geschichtliches über die Sankt-Josef-Verehrung

Die Verehrung des heiligen Josef ist im tiefsten Grunde so alt wie die Kirche, denn seine Verehrungswürdigkeit ist in der Heiligen Schrift verankert. Die äußere Entfaltung und Übung der Verehrung des heiligen Josef hat jedoch ihre eigene Entwicklung.

Bis zum vierten christlichen Jahrhundert findet man nur wenige Spuren der öffentlichen Verehrung dieses Heiligen. Einzelne Priester und Gläubige, die sich im Evangelium besonders auskannten, hielten nach dem Vorbild Jesu und Mariens den heiligen Josef wegen seiner erhabenen Stellung und großen Heiligkeit hoch in Ehren. Aber seine offizielle Verehrung durch Festfeiern und Andachten usw. begann erst später.

Dies geschah nicht ohne Zulassung Gottes. Denn als es galt, in der Welt die christliche Religion einzuführen, war es nötig, die an Vielgötterei gewöhnten Heiden und auch die Juden von der wahren Gottheit des Urhebers und Stifters der Kirche zu überzeugen. Da selbst die Verehrung der Gottesmutter in den ersten Zeiten nicht besonders hervortrat, musste die ihres jungfräulichen Gemahls noch mehr zurückstehen. Wenn seine Person in Predigt und Kult zu sehr hervorgehoben worden wäre, hätte für die an die hehren Geheimnisse des Christentums noch nicht gewohnten Menschen die Gefahr bestanden, ihn für den natürlichen Vater Jesu zu halten.

Wie bereits erwähnt, musste zuerst der Glaube an den Mensch gewordenen Sohn Gottes und seine jungfräuliche Geburt aus Maria überall erkannt und anerkannt sein. Auch soll man nicht übersehen, dass zur Zeit der grausamen Christenverfolgungen vor allem die Ausdauer und Standhaftigkeit der Apostel und späterer Blutzeugen mehr fesselten als die stille und erhabene, aber weniger auffällige Bedeutung und Tugendhöhe des heiligen Josef. Als die Stürme der Völkerwanderung verebbten, entfaltete sich die Sankt-Josef-Verehrung mehr und mehr, zuerst im Morgenland und etwas später auch im Abendland. Zu diesem Zweck sandte Gott seine Herolde, die aller Welt die Herrlichkeit und das Lob des heiligen Josef verkünden sollten, zuerst einzelne und mit Unterbrechung später ganze Scharen, auch Fürsten und Könige und zuletzt die Päpste der katholischen Kirche.

Die Sankt-Josef-Verehrung der Kirchenlehrer und Orden

Es war im vierten Jahrhundert, da die Väter und Kirchenlehrer, ein heiliger Athanasius, Basilius, Hilarius, Hieronymus und Augustinus anfingen, bei Besprechungen des Geheimnisses der Menschwerdung auch des heiligen Josefs zu gedenken.

In den folgenden Jahrhunderten priesen die Schriftausleger auch die Würde und die Tugenden dieses Heiligen bei der Erklärung der von ihm handelnden Evangelienstellen. Der erwürdige Rupert von Deutz († 1135) und der heilige Bernhard von Clairvaux († 1153) betonten immer wieder seine Stellung im Erlösungswerk und riefen zu seiner Verehrung auf. Leider wurde ihrer Anregung wenig Folge geleistet.

Zwar hielt der heilige Kirchenlehrer Albertus Magnus († 1280) einmal eine große Lobrede auf den heiligen Josef, und sein Schüler, der heilige Thomas von Aquin († 1274), bewies in Anlehnung an die Lehre des heiligen Augustinus, inwiefern die jungfräuliche Gemeinschaft von Josef und Maria eine wirkliche Ehe war. Aber erst zu Beginn des 15. Jahrhunderts wurde durch die Andacht auserwählter Frommer ein reges Interesse für den Nährvater Christi in weiten Kreisen der Kirche wach.

Der heilige Franziskanerprediger des Namens Jesu, Bernhardin von Siena († 1444), war auch ein feuriger Lobredner des heiligen Josef. Aus seiner bekanntesten Sankt-Josef-Predigt wurden Texte ins priesterliche Brevier aufgenommen.

Der bekannte spanische Kanzelredner aus dem Dominikanerorden, der heilige Vinzenz Ferrier († 1419), war ebenfalls ein glühender Josefsverehrer.

Zwei große Fachtheologen, Kardinal Petrus von Ailly und sein Schüler Jean Charlier – allgemein Gerson genannt, der berühmte Kanzler der Pariser Universität – begannen, sich intensiv mit dem heiligen Josef zu befassen. Ersterer schrieb einen Traktat über die dem heiligen Josef geschuldete Verehrung.

Gerson wurde der Initiator der Andacht zum heiligen Josef. Er verfasste nicht nur Gebete zu dessen Ehren, sondern schrieb auch Briefe an einflussreiche Persönlichkeiten, damit sie die Verehrung des Pflegevaters Christi ihrerseits ins Rollen brächten. Den in Konstanz zum Konzil versammelten Bischöfen hielt er am 8. September 1416 eine Rede. Er suchte darin ihre Liebe zum heiligen Josef zu fördern und sie zu veranlassen, eine öffentliche Feier zu dessen Ehre anzuordnen.

Einer der ersten Gegner Luthers, der Mailänder Dominikanerpater Isidor Isolani, überreichte im Jahre 1522 Papst Hadrian VI. seine *Summa über die Gaben des heiligen Josef* und ersuchte ihn, ein Fest zu Ehren des heiligen Josef für die gesamte Kirche einzuführen.

Vieles zur Verbreitung der Andacht zum heiligen Josef tat auch die Gesellschaft Jesu. In seinen geistlichen Übungen sprach der heilige Ignatius von Loyola mit maßvoller Zurückhaltung von Josef. Salmeron, Petrus Kanisius u.a. befassten sich in ihren Schriften mit dem heiligen Josef und förderten dadurch die Verbreitung der Andacht. Mit wissenschaftlichem Scharfsinn begründete aber vor allem der gelehrte Jesuit Franz Suarez die Würde und Verehrung des heiligen Josef.

In sämtlichen großen Orden begann die Sankt-Josef-Verehrung aufzublühen. Die Karmeliter, die bereits im 13. Jahrhundert den Josefskult aus dem Orient gebracht hatten, sollen nun auch durch die heilige Kirchenlehrerin Theresia von Avila († 1582) die Verehrung des großen Patriarchen in voller Blüte erleben. Theresia hegte schon in jugendlichen Jahren innige Andacht und kindliches Vertrauen zu diesem glorreichen Heiligen. Sie pflegte den heiligen Josef ihren „Vater und Herrn" zu nennen. Ihre Schriften sind durchweht von glühender Liebe zum heiligen Josef. In besonderer Weise flößte sie ihren Eifer für dessen Ehre dem von ihr reformierten Orden der unbeschuhten Karmeliter ein. Sie war, durch die Fürbitte des heiligen Josef im 26. Lebensjahr auffallend geheilt, eine glühenden Verkünderin seiner Glorie geworden. Theresa versicherte immer wieder, dass der Pflegevater Jesu denen, die ihn anrufen, nicht nur zeitliche Hilfe, sondern auch – was noch viel mehr wert ist – die Gabe des Gebets erwirke. Ihr erstes Kloster in Avila und zwei Drittel ihrer anderen Gründungen weihte sie dem heiligen Pareiarchen. Ohne Zweifel war es dem Einfluss der heiligen Theresia zu verdanken, dass der Gründer der Franziskanergenossenschaft der strengsten Observanz, der heilige Petrus von Alkantara († 1562), durch seinen Ordern der Verehrung des heiligen Josef neuen Glanz verschaffte.

Ein Jahrhundert später trat der heilige Bischof von Genf, Franz von Sales, in jeder Weise für die Ehre des großen Patriarchen ein. Auch er gab dem von ihm ins Leben gerufenen Orden von der Heimsuchung den heiligen Josef zum Patron und weihte ihm die erste Kirche seiner Geburtsstadt Annecy in Savoyen.

Von ähnlicher Liebe war der Apostel der Armen, der heilige Vinzenz von Paul, beseelt. Darum stellte er seine Priester, Seminare und Missionen unter den besonderen Schutz des Nährvaters des Hern. Auch der heilige Alfons Maria von Liguori († 1787), der Gründer des Redemptoristenordens, war ein feuriger Sankt-Josef-Verehrer.

Am 23. Mai 1982 wurde Andreas Bessette aus Montreal, Kanada, durch Papst Johannes Paul II. selig und von Benedikt XVI. im Oktober 2010 heilig gesprochen. Unter den Ordensleuten findet sich wohl kaum jemand, der eine größere Sankt-Josef-Verehrung hegte als dieser bescheidene Bruder. Am Fest des heiligen Pfarrers von Ars (9. August 1845) geboren, trat er im Laufe seines Lebens immer mehr in dessen Fußstapfen und wirkte durch Anrufung des heiligen Josef Wunder über Wunder bis zu seinem Tod am 6. Januar 1937. In jungen Jahren versprach er dem Nährvater Christi, zu seiner Ehre auf dem Mont Royal bei Montreal eine große Kirche zu bauen, wenn sein Herzenswunsch, Ordensbruder zu werden, trotz seiner schwachen Gesundheit in Erfüllung gehe. Heute steht dort das große, weltberühmte Sankt-Josef-Heiligtum.

Die Sankt-Josef-Verehrung der Fürsten und Päpste

Nicht nur Geistliche und Ordensleute, sondern auch Fürsten und Könige traten für die Ehre des heiligen Josef ein. Auf Veranlassung des spanischen Hofes wurde das Fest der Vermählung Marias mit Josef eingeführt. Von hier aus verbreitete sich die Verehrung des Heiligen auf die Niederlande durch deren spanische Regentin, die Erzherzogin Isabella Klara Eugenia. Der österreichische Kaiser Leopold I. weihte ihm sein Land. In Frankreich nahm seine Verehrung durch den Eifer der Königin Anna Theresia von Österreich einen großen Aufschwung. Von Europa aus hielt die Verehrung des heiligen Josef durch die Missionare ihren Einzug in die anderen Weltteile.

Papst Sixtus IV. (1471–1484) nahm den Josefstag in das römische Brevier und Messbuch als einfaches Fest mit einer Lektion (Lesung) auf. Gregor XV. machte im Jahre 1621 den Gedächtnistag des heiligen Josef auf Verwenden einiger hoher fürstlicher Personen und gekrönter Häupter, besonders der Kaiser Ferdinand III. und Leopold I. aus dem Hause Habsburg und König Karl II. von Spanien, die der Verehrung des heiligen Josef sehr ergeben waren, zum gebotenen Feiertag. Clemens XI. (1700–1721) erhob es zu einem Fest zweiter Klasse und verlieh ihm ein eigenes Offizium.

Auf Bitten ihres Generals erhielten die Karmeliter im Jahre 1680 die Erlaubnis, ein zweites Fest zu Ehren des heiligen Josef, sein Schutzfest, am dritten Sonntag nach Ostern feiern zu dürfen.

Zu diesen beiden Josefsfesten kam später ein drittes, indem Papst Benedikt XIII. allen Kirchen des Kirchenstaates und einigen anderen gestattete, das bereits seit dem 16. Jahrhundert von den Franziskanern und in Spanien gefeierte Fest der Vermählung der seligsten Jungfrau mit dem heiligen Josef am 23. Januar als größeres Doppelfest zu begehen.

Als nach einiger Zeit von verschiedenen Seiten der Wunsch ausgesprochen wurde, man möge auch den heiligen Josef in der Allerheiligen-Litanei anrufen, verordnete Papst Benedikt XIII. im Jahre 1726, dass der Name des heiligen Josef sowohl in der Allerheiligen- als auch in der Sterbe-Litanei unmittelbar nach dem des heiligen Täufers Johannes eingefügt werde.

Der Höhepunkt der Verehrung, die dem heiligen Josef von der Kirche gezollt wurde, blieb aber dem 19. Jahrhundert vorbehalten. Pius VII. (1800–1823) und Gregor XVI. (1831–1846) versah die andächtige Betrachtung der sieben Schmerzen und sieben Freuden des heiligen Josef mit Ablässen.

Pius XI. vermehrte am 1. Februar 1847 dieselben noch bedeutend. Mit seinem Pontifikat (1846–1878) nahm die Sankt-Josef-Verehrung einen großartigen Aufschwung. Pius IX. war persönlich ein großer Verehrer des heiligen Josef, und auf den päpstlichen Stuhl erhoben förderte er in mannigfacher Weise diese Verehrung in der Kirche. (Dies gilt auch von all seinen Nachfolgern.)

Am 10. September 1947 dehnte er das in den einzelnen Kirchensprengeln schon früher gefeierte Schutzfest des heiligen Josef auf die ganze Kirche aus. Am 11. Juni 1855 erteilte er große geistliche Gnaden für die tägliche Anrufung des heiligen Nährvaters Christi im Monat Mai. Auch gab er am 27. April 1865 eine Verordnung heraus, die darauf hinwirkte, den Monat März dem Monat Mai gewissermaßen anzugleichen, insofern der Monat März dem heiligen Josef geweiht werden sollte, wie der Monat Mai in besonderer Weise der seligsten Jungfrau Maria geweiht wird.

Mit Gutheißung und Begünstigung dieses Papstes erfolgte am 19. März 1860 zu Verona die kanonische Errichtung der Gürtelbruderschaft des heiligen Josef. Pius IX. erhob sie bald darauf zur Erzbruderschaft und empfahl sie eifrig. Er versah sie mit hohen Ablässen. Diesem Beispiel des großen Papstes in der Förderung der Verehrung des heiligen Patriarchen Josef folgte vielfach der katholische Episkopat. Viele Bischöfe forderten damals die Gläubigen zu vermehrter Josefsverehrung auf. Sie gaben auch teilweise zu verstehen, dass nach der Mutter Gottes dem heiligen Josef der erste Platz in der Verehrung gebühre.

Am 8. Dezember 1870 erklärte Pius IX. den heiligen Josef feierlich zum Schutzpatron der ganzen katholischen Kirche. Zugleich bestimmte er, dass künftig das Fest am 19. März als Fest erster Klasse, jedoch, weil in die Fastenzeit fallend, die keine Festwochen zulässt, ohne Oktave begangen werden soll.

Es wandte sich der gleiche Papst im folgenden Jahr, am 7. Juli 1871, mit einem apostolischen Schreiben an den ganzen katholischen Erdkreis. Er erhöhte und vermehrte noch weiter die liturgische Verehrung des heiligen Patriarchen. Er schrieb vor, dass in den beiden Messen zu Ehren des heiligen Josef jedes Mal das Credo einzufügen sei u.a.m.

Sein Nachfolger, Leo XIII., stand ihm in der Liebe zu Maria und Josef nicht nach. Dieser große Lehrer auf dem Stuhle Petri ordnete an, dass das Fest des heiligen Josef mit gleicher Auszeichnung wie das Fest der Unbefleckten Empfängnis Marias gefeiert werden sollte und dass jedes Mal beim Rosenkranzgebet im Oktober auch die Hilfe des heiligen Josef anzurufen sein. Weiter gestattete er, dass die Priester an jenen Mittwochtagen, an denen kein bestimmtes Fest zu feiern ist, die Votivmesse und das Offizium vom heiligen Josef nehmen dürfen.

Ferner widmete Leo XIII. diesem glorreichen Heiligen am 15. August 1889 ein eigenes Rundschreiben *Quamquam pluries.* Er forderte darin die Gläubigen auf, den Monat März dem heiligen Josef durch tägliche Andachtsübungen zu weihen.

Im Jahre 1893 führte der Papst das *Fest der Heiligen Familie* ein. Er gründete und empfahl durch zwei Breven (päpstlicher Erlass in einfacher Form) diesen Verein und rief alle katholischen Familien der ganzen Welt zum Beitritt in die *Consociatio s. familiae* und zur Weihe an die Heilige Familie von Nazaret auf. Im ersten der beiden Breven (14. Juni 1892) nannte er den heiligen Josef das anerkannte Haupt der Heiligen Familie und den hervorragenden Heiligen, der Jesus gegenüber Vaterstelle einnahm; und im zweiten (20 Juni 1892) ermahnte er wiederum zum Eintritt in jene *Consociato* und zu der damit verbundenen Weihe. Er bereicherte die Genossenschaft mit großen Ablässen und anderen Privilegien. Auch schrieb er den Mitgliedern Gebete vor, in denen der heilige Josef als heiligster Beschützer Jesu und Mariens angerufen wird.

Der heilig gesprochene Papst Pius X., der in der Taufe den Namen des heiligen Josef erhalten hatte, approbierte am 18. März 1909 die Litanei zum heiligen Josef, ließ sie in die liturgischen Bücher eintragen und übergab sie dem privaten und öffentlichen Gebrauch. Auch verband er damit das schöne und tiefsinnige Gebet zum heiligen Josef, das der katholische Erdkreis immer wieder betet.

Papst Benedikt XV. ließ sein Pontifikat nicht vorübergehen, ohne gleichfalls eine weitere Erhöhung der liturgischen Verehrung des heiligen Josef in der Kirche. In seinem Namen und auf seine Anordnung hin erließ die Ritenkongregation am 9. April 1919 ein Dekret, wodurch die beiden Messen zu Ehren des heiligen Josef eine neue und eigene Präfation erhielten. Am 25. Juli 1920 verlangte er in seinem Schreiben *Motu proprio bonum sane*, den heiligen Josef anzurufen für den Schutz der streitenden Kirche.

Unter Papst Pius XI. wurde durch ein Dekret vom 9. August 1922 im Ritus der Krankensalbung bei verschiedenen Gebeten und Anrufungen gleich nach dem Namen der seligsten Jungfrau der Name ihres keuchen Gemahls beigefügt. Am 19. März 1937 gab Papst Pius XI. der Welt seine Enzyklika *Divine Redemptoris* über den gottlosen Kommunismus und stellte die große Aktion der katholischen Kirche gegen den gottlosen Atheismus der Welt unter den Schutz des mächtigen Beschützers der Kirche: Sankt Josef.

Im Jahre 1956 führte der Große Sankt-Josef-Verehrer Pius XII. das Fest „Josef der Arbeiter" für den 1. Mai ein. Am Josefstag 1961 beging die katholische Kirche die Dreihundertjahrfeier des 19. März als Feiertag zu Ehren des heiligen Josef. Zu diesem Fest schrieb Papst Johannes XXIII. den apostolischen Brief *Le voci* und proklamierte den heiligen Josef zum Beschützer des II. Vatikanischen Konzils. Er schlug gleichzeitig vor, dem Altar des heiligen Josef in der Peterskirche zu Rom neuen Glanz zu verleihen. Im *Motu propio Approbiante concilio* vom 6. August 1962 erklärte er die Mutter Gottes und den heiligen Josef zu Schutzpatronen des Konzils. Am darauf folgenden 8. Dezember sprach der Stellvertreter Christi wiederum vom heiligen Josef und bezeichnete ihn als Patron des ökumenischen Konzils. Mit gleichem Datum erfolgte das Inkrafttreten des päpstlichen Entscheides vom 13. November 1961, die Anrufung „Heiliger Josef, Gemahl der Jungfrau Maria" in den Kanon der Messe aufzunehmen.

Mit dem päpstlichen Schreiben *In Spiritu Sancto* erklärte Paul VI. am 8. Dezember 1965, dass das ökumenische Konzil Vatikanum II, abgehalten unter dem Schutz der allerseligsten Jungfrau Maria und Sankt Josef, beendet sei. Am 25. November 1970 richtete Paul VI. einen päpstlichen Brief an das internationale Symposium über den heiligen Josef, das vom 29. November bis zum 6. Dezember in Rom anlässlich der Hundertjahrfeier der Proklamation des heiligen Josef als „Patron der Weltkirche" stattfand.

Am 19. März 1971 nannte Papst Paul VI. bei der Angelusansprache den heiligen Josef „Patron der Heiligen Familie, Beschützer der Familie und der Kirche".

Papst Johannes Paul II. sagte in einer Predigt zu Livorno am 19. März 1982: „Heute bin ich hier im Verein mit euch, um den heiligen Josef zu verehren am Tage, da ihn die ganze Kirche verehrt. Sie verehrt ihn, wie es dieser wunderbare gerechte Mann verdient, vor dem Gesetz Gemahl Marias, der Jungfrau von Nazaret, Mutter des Sohnes Gottes. Dieser gerechte Mann verbleibt gleichzeitig mit seinem ganzen Leben und seiner Berufung eingefügt in das Mysterium der Kirche. Wir kennen sein verborgenes Leben und seine schweigende Berufung. Wir kennen sie genügend aus dem Evangelium. Aber wir lesen im Evangelium kein vom heiligen Josef gesprochenes Wort. Hingegen sind wir Zeugen der Ereignisse, die besagen, wie tief Gott selber die Berufung des heiligen Josef konsolidierte im Mysterium der Kirche."

So ging immer mehr in Erfüllung, was der fromme und gelehrte Dominikaner Isidor Isolani in seiner *Summa de donis S. Joseph* in prophetischem Geist voraussagte: „Die heilige römische Kirche werde einst im Hinblick auf das Große, das Gott im heiligen Josef gewirkt hat, es billigen und fördern, dass der Heilige öffentlich und feierlich in der heiligen Kirche verehrt werde. Es werde in der ‚streitenden Kirche' ein großer Jubel sein, wenn einmal die erhabene Heiligkeit und Würde des heiligen Josef mehr zur allgemeinen Kenntnis gekommen sein werde. Der Heilige Geist werde nicht ermangeln, die Herzen der Gläubigen zur Verehrung und Liebe des großen Heiligen zu entflammen, so dass auch die kirchliche Leitung dieser Verehrung offiziellen und feierlichen Ausdruck geben werde."

Privatoffenbarungen

Die Mutter Gottes an die heilige Brigitta von Schweden

„Meine Tochter, leider haben die meisten Menschen keine Ahnung, welch große Vorzüge der Herr meinem heiligen Bräutigam Josef verliehen hat und wie mächtig seine Fürbitte bei Gott ist für alle, die sich ihm empfehlen. Wisse, dass Josef ein sehr mächtiger Anwalt ist, um den armen Sündern Verzeihung und Gnade zu erlangen. Du sollst dem Herrn dankbar sein, dass er dir dies durch mich offenbart! Fortan sei dein Leben lang bemüht, meinen heiligen Bräutigam recht innig zu verehren! Preise den Herrn, dass er Josef so freigebig mit Gnaden und Vorzügen geziert hat und dass ich so glücklich gewesen bin, ihn zum Bräutigam erhalten zu haben. In allen Nöten sollst du vertrauensvoll zu ihm fliehen und dich eifrig bemühen, dass auch andere ihn verehren. Sei versichert, Gott gewährt alles auf Erden, um was ihn mein Bräutigam im Himmel bittet. Auf die Führbitte Josefs will der Herr große und außerordentliche Gnaden spenden" (aus den von der Kirche approbierten *Offenbarungen der heilige Brigitta*, 6. Buch, 59. Kapitel).

Die Gnadengaben des heiligen Josef in der Offenbarung der Gottesmutter an Maria von Agreda

Alle Gaben und Gnaden, die Gott diesem glorreichen Patriarchen verlieh, sind nächst den Verdiensten Jesu Christi denen der heiligen Jungfrau Maria zuzuschreiben. Wohl war sie nicht die Verdienstursache noch die werkzeugliche Wirkursache seiner Heiligkeit, wohl aber der unmittelbare Zweck; denn die Fülle der Gnaden und Tugenden, die der Herr ihm verlieh, war ihm zugeteilt worden, damit er ein würdiger Bräutigam und Beschützer der Gottesmutter sei. Diese Bestimmung ist der Maßstab, nach dem die Heiligkeit Josefs zu bemessen ist. Hätte es auf der Welt einen anderen, vollkommeneren und geeigneteren Mann gegeben, so würde der Herr diesen zum Bräutigam seiner Mutter erkoren haben. Josefs Gnadenausrüstung erstreckte sich auf seine Heiligkeit, seine Tugenden, seine Gaben und Gnaden sowie auf seine eingegossenen und natürlichen Neigungen.

Hinsichtlich der Gnadengeschenke bestand zwischen dem heiligen Josef und den übrigen Heiligen ein Unterschied. Viele Heilige empfingen Gnadengaben, die nicht auf ihre Heiligkeit abzielten, sondern den Zweck hatten, andere Menschen zum Dienste Gottes zu bewegen. Sie stehen zur Heiligkeit nicht in unmittelbarer Beziehung. Beim heiligen Josef aber schlossen alle ihm verliehenen Gaben eine Vermehrung seiner Tugend und Heiligkeit in sich, weil sein Amt eine Sache der Heiligkeit und des eigenen Wirkens war. Je heiliger, je engelgleicher er war, umso mehr war er geeignet, der Bräutigam der heiligsten Jungfrau Maria und der Hüter der Geheimnisse des Himmels zu sein. Er musste ein Wunder der Heiligkeit sein, und er war es in der Tat.

Dieses Wunder begann bei ihm schon im Mutterschoß. Die göttliche Vorsehung verlieh ihm ausgezeichnete Eigenschaften und Neidungen der Tugend. Im siebten Monat nach seiner Empfängnis wurde er geheiligt. Bei dieser ersten Heiligung wurde er nur von der Erbsünde gereinigt. Den Vernunftsgebrauch erhielt er zwar noch nicht. Seine Mutter empfand damals eine ungewöhnliche Freude des Heiligen Geistes, ohne das Geheimnis vollkommen zu verstehen. Bei seiner Geburt war Josef sehr schön. Er erregte bei seinen Eltern und Verwandten eine außerordentliche Freude, ähnlich wie dies bei der Geburt Johannes des Täufers der Fall war.

Schon im dritten Lebensjahr verlieh ihm der Herr den vollkommenen Gebrauch der Vernunft nebst der eingegossenen Wissenschaft und eine Vermehrung der Gnade und der Tugenden. Josef war sanften Charakters, liebevoll, freundlich und aufrichtig. Er zeigte in allem nicht nur heilige, sondern engelgleiche Neigungen, wuchs beständig in der Tugend und Vollkommenheit und erreichte so in tadellosem Wandel das Alter, in dem er sich mit der heiligsten Jungfrau vermählte.

In dieser Zeit wurden seine Gnadengaben noch vermehrt und verstärkt durch die Fürbitte Mariens, denn sie flehte inständig zum Allerhöchsten, er möge, wenn er ihr befehle, sich zu vermählen, ihren Bräutigam heiligen, damit er ihren keuschesten Wünschen zustimme.

Der Herr erhörte sie. Er goss ihm die vollkommensten Fertigkeiten aller Tugenden und Gaben ein, ordnete sein Seelenvermögen, erfüllte ihn mit Gnade und festigte ihn in derselben auf wunderbare Weise. In der Tugend und Gabe der Keuschheit wurde Josef über die höchsten Seraphim erhoben; denn die Reinheit, die sie ohne Leib besitzen, war ihm im sterblichen Fleische verliehen. Nie fand eine unreine Vorstellung von etwas Irdischem und Sichtbarem in seinem Geiste Zutritt.

Über all dieses Erhaben, unschuldig wie eine Taube, ja wie ein Engel, war er würdig vorbereitet, in der Gesellschaft der reinsten aller Kreaturen zu verweilen.

Der heilige Josef war besonders in der Liebe bewunderungswürdig. An Visionen und himmlischen Offenbarungen empfing der glorreiche Patriarch weit mehr, als sich beschreiben lässt. Seine größten Gnadenauszeichnungen sind seine Vertrautheit mit den Geheimnissen Jesu Christi und seiner heiligsten Mutter, dass er der Pflegevater unseres Herrn und Bräutigams der Himmelskönigin war.

Vorrechte, die der Allerhöchste dem heiligen Josef um seiner Heiligkeit willen verlieh

- Auf seine Fürbitte erlangt man die Tugend der Keuschheit und den Sieg in den Gefahren sinnlicher Versuchung
- Durch ihn erhält man die mächtigen Gnadenhilfen, um den Stand der Sünde zu verlassen und zur Freundschaft Gottes zurückzukehren
- Durch seine Vermittlung erhält man die Gunst der allerseligsten Jungfrau Maria und eine wahre Andacht zu ihr
- Durch ihn erlangen wir die Gnade eines guten Todes und Schutz gegen den Satan in der Todesstunde.
- Die bösen Geister zittern, wenn sie den Namen Josefs hören
- Durch ihn kann man Gesundheit des Leibes und Hilfe in den verschiedenen Nöten erhalten
- Seine Fürbitte erlangt den Segen der Nachkommenschaft in den Familien

Ich (Maria von Agreda) möchte alle Kinder der heiligen Kirche bitten, große Verehrer des heiligen Josef zu sein. Sie werden diese Gnaden an sich selbst erfahren, wenn sie auf deren Empfang sich würdig vorbereiten.

Worte der Himmelskönigin über den heiligen Josef an Maria von Agreda

Meine Tochter, du hast zwar geschrieben, dass mein Bräutigam Josef unter den Heiligen und Fürsten des himmlischen Jerusalem einen überaus hohen Rang einnimmt, doch ist niemand imstande, seine hocherhabene Heiligkeit zu erkennen, bevor er zur Anschauung Gottes gelangt ist. Dann werden alle zu ihrer Verwunderung und unter Lobpreisung des Herrn dieses Geheimnis schauen. Am jüngsten Tage werden die Verdammten bitterlich weinen, dass sie ein mächtiges und wirksames Mittel des Heils, wie es die Fürsprache des heiligen Josef ist, um ihrer Sünden willen nicht erkannt und nicht gebraucht haben.

Alle Kinder der Welt sind in tiefer Ungewissheit über die Vorrechte meines Bräutigams und über die Macht seiner Fürbitte bei der göttlichen Majestät und bei mir. Ich versichere dir, dass der Himmel einer der innigsten Vertrauten des Herrn ist und sehr viel vermag, um die Strafen der göttlichen Gerechtigkeit von den Sündern abzuhalten. In all deinen Nöten wende dich an seine Vermittlung und bemühe dich, ihm zahlreiche Verehrer zu gewinnen. Um was mein Bräutigam im Himmel bittet, das gewährt der Allerhöchste auf Erden. (Aus: *Leben der jungfräulichen Gottesmutter Maria*, Maria von Agreda)

Worte Jesu und Mariens über den heiligen Josef an Mutter Katharina Vogel

Wiederholt wurde Mutter Vogel vom Heiland und seiner lieben Mutter aufgefordert, auch dem heiligen Josef ein recht kindliches Vertrauen entgegenzubringen. Er sei ein Helfer in sehr vielen Anliegen. Die Mutter Gottes sagte am 6. März 1938: „In irdischen Sorgen sollst du dich an meinen Bräutigam Josef wenden! Betet neun Tage zu ihm in einer Novene! Er wird euch die Seele schicken, die zu euch passt. – Kind, sage es allen, sie sollen meinen Bräutigam Josef mehr verehren und anrufen. Er war ja unser Beschützer und hat so väterlich gesorgt für meinen Jesus und für mich."

Tags darauf sagte der Heiland zu ihr: „Kind, mein Nähr- und Pflegevater hat die allergrößte Freude, wenn er mir eine Bitte vortragend darf. Niemand wird seine Hilfe umsonst anrufen. Wenn der Betreffende das nicht bekommt, um was er bittet, so wird er eine viel größere Gnade durch seine Fürbitte erlangen."

Jesus sagte am 20 März 1930: „Die Opferlämmer dürfen meinen Nähr- und Pflegevater ganz besonders in irdischen Sorgen und Anliegen um seine Fürsprache bei mir anrufen." Einen großen Trost empfand Mutter Vogel, als sie am Vorabend von Mariä Himmelfahrt 1948 die folgenden Worte hörte: „Sankt Josef ist euer Hausvater geworden. Er wird euch nie verlassen."

Der göttliche Meister sagte am 5. November 1930: „Du sollst in deinen Gebeten stets auch meinen Pflegevater Josef und den seligen Bruder Konrad für die heiligen Kirche anrufen; denn der heilige Josef ist der Schutzpatron meiner Kirche und ihm schlage ich keine

Bitte ab. Auch den seligen Bruder Konrad habe ich für diese Zeit über das Bayernland aufgestellt."

Am 20. Juni 1939 mahnte Maria: „Ihr müsst ein ganz großes Vertrauen haben. Auch mein Bräutigam Josef bittet ständig beim göttlichen Sohn. Er hat auch uns vor den Feinden beschützt, aber man bittet meinen Bräutigam Josef viel zu wenig. Ihr sollt nicht so viel reden von dem, was noch kommen mag. Werfet alle eure Sorgen auf den Herrn!"

Am Schutzfest des heiligen Josef 1943 sagte sie: „Kind, schreibe besonders über meinen Bräutigam Josef, dass er die heilige Kirche so beschützt, wie er Jesus und mich beschützt hat ... O möchten doch die Menschen mehr Vertrauen zu ihm haben! Ich habe ihm mein ganzes Vertrauen geschenkt. Das grenzenlose Vertrauen dringt durch die Wolken."

Ein anderes Mal, am 23. Juni 1943, wurde Mutter Vogel, die die Anliegen der Kirche ganz zu den eigenen machte, ermutigt: „Kind, wenn du ein Anliegen wegen der heiligen Kirche hast, gehe nur zum heiligen Josef mit ganz großem Glauben und Vertrauen!"

Die himmlische Mutter sagte am 8 März 1938: „Kind, deine Mutter will dir mitteilen, dass der heilige Josef viel zu wenig für die Priester angerufen wird. So wie er für meinen Jesus und für mich besorgt war, ebenso ist er auch heute noch besorgt für die Priester, sind sie doch die Stellvertreter meines göttlichen Sohnes. Liebes Kind, bitte du recht innig den heiligen Josef für die Priester um eine große Liebe und um Beharrlichkeit im Dienste Gottes!"

Die Worte seiner Mutter bekräftigte der Heiland selbst, als er am 4. Juni 1938 zu seiner erwählten Sühneseele sagte: „Kind, du solltest nach der heiligen Kommunion niederfallen und mich im Herzen meiner lieben Mutter anbeten; ganz besonders heute, am Priestersamstag im Verein mit meinem Nährvater Josef. Er ist der besondere Beschützer der Priester. Er ist ja auch der Freund meines Herzens und mein Herz ist ein Priesterherz. Deshalb werden auch die Priester von ihm ebenso beschützt, wie er mich vor den Feinden beschützt hat. Ich schlage ihm keine Bitte ab. Er wird viel zu wenig angerufen für die Priester."

Und wenige Tage darauf (8. Juni 1938) hörte sie: „Schreibe, dass die Priester besonders den heiligen Josef um die Tugend der Reinheit anrufen sollen. Jetzt mehr als früher!"

Im März 1943 hörte sie: „O möchten doch alle Priester meinen Bräutigam Josef recht verehren! Er ist besonders der Beschützer der Keuschheit. Da jetzt die Versuchungen mehr als früher auch an die Priester herantreten, so werden sie von ihm diese große Gnade erlangen. Man soll auch meinen Bräutigam anrufen um heilige Priester."

Am 22. August 1943 sagte ihr die Gottesmutter: „Das allernützlichste und beste Gebet ist das Gebet für die Priester. Wie die Priester sind, so ist auch das Volk. Kind, du sollst bei der geistlichen Kommunion immer alle Priester in mein Herz hineinlegen. Rufe auch recht oft meinen Bräutigam Josef an! Er ist der Beschützer der Reinheit und der heiligen Kirche."

Des Heilands Bitte am 29. März 1930: „Kind, bitte heute meinen lieben Nährvater recht innig um heilige Familien, auf dass wieder heilige Priester aus ihnen hervorgehen."

Jesus sagte am 12. November 1937: „Kind, wenn du mich im Herzen Mariä mit allen Engeln und Heiligen anbetest, dann sollst du es ganz besonders mit meinem Nährvater Josef tun. Er war der erste, der mich im Herzen Mariä angebetet hat."

Wie Maria jene liebt, die den heiligen Josef ehren

Der erwürdige Pater Peter Cotton, berühmt geworden durch seine Predigt und seine Tugenden, unterließ es nie, etwas zu Ehren seines innig geliebten Beschützers Sankt Josef zu sagen. Er benutzte sämtliche Gelegenheiten, die ihm die Vorsehung bot, das Vertrauen zum heiligen Josef in die Herzen einzupflanzen. Auch errichtete er zu Lyon die erste französische Josefskirche. Sein Mitbruder Pater Patrignani erfuhr von seinem Erlebnis kurz vor dem Hinscheiden am 19. März. Maria erschien dem Schwerkranken und sagte, sie käme, um ihm einen guten Tod zu verhelfen – aus Dankbarkeit für die aufrichtige Verehrung, die er ihrem keuschen Gemahl erwiesen habe.

Wie vorteilhaft es ist, das Bild des heiligen Josef bei sich zu tragen

Pater de Barry erzählt: „Eine Person, deren Namen ich verschweigen muss, schrieb mir neulich folgenden Brief: Ich hatte mich in meiner Jugend durch ein Gelübde der Keuschheit gebunden. Dann aber hatte ich das Unglück, dasselbe zu brechen. Voll Scham über mein Versagen wagte ich die Sünde nicht zu beichten und missbrauchte die heiligen Sakramente. Mein schlechtes Gewissen fand keine Ruhe, weder am Tag noch in der Nacht. Ich sah mich immer nahe daran, in die ewigen Flammen zu stürzen.

In meinem verwirrten und traurigen Zustand fiel es mir ein, meine Zuflucht zum heiligen Josef zu nehmen. Das war ein guter Einfall. Gott gab mir die Gnade, ihn zu befolgen. Ich betet neun Tage lang mit aller Andacht die Sankt-Josefs-Tagzeiten. Kaum war diese Andacht beendet, wich meine falsche Scham und ich konnte im Beichtstuhl ohne Widerstand ehrlich meine Sünden bekennen. Somit endeten meine Qualen.

Durch dieses Erlebnis lernte ich die Macht des heiligen Josef kennen. Ich nahm sein Bildnis zu mir in der Absicht, mich nie mehr von demselben zu trennen. Von der Zeit an konnte ich alle Versuchungen überwinden und empfing so viele Gnaden, dass ich nie genug dafür danken kann.

Mit Sankt Josef durch den Alltag

Morgengruß an den heiligen Josef

Heiliger Josef, lass dich grüßen,
du mein geliebter Schutzpatron!
Ich knie bittend dir zu Füßen:
Empfiehl mich deinem Pflegesohn.

Ich will in deine Hand nun legen
mein Tagwerk und sein Gedeih'n.
Lass meine Arbeit hier zum Segen
und dort dem Herrn zum Lobe sein.

Dir empfehl ich meine Lieben
für jeden Tag und jede Stund.
Tröst die Kranken, schirm das Leben;
verbirg uns in des Heilands Wund!

Hingabe an den heiligen Josef

Nimm, heiliger Josef, meine Hingabe gütig an,
Dir weihe ich mich.
Sei mein Vater, Beschützer und Führer
auf dem Weg zur ewigen Seligkeit.
Erlange mir große Reinheit des Herzens,
des Leibes und des Geistes und
innige Liebe zum geistlichen Leben.
Hilf mir, in allem die Ehre Gottes zu suchen.
Stehe mir besonders bei in meiner Sterbestunde.
Amen

Sankt-Josef-Gebet

Großer Heiliger, der du jener getreue und kluge Diener warst, dem Gott die reinste Jungfrau und das Jesuskind anvertraute, den er erkor als Ernährer und Beschützer des Lebens Christi und als Tröster und Beistand dessen heiligster Mutter. Du Vorbild und Patron aller keuschen, demütigen, geduldigen und der Geistessammlung ergebenen Seelen, hilf mir in all meinen Anliegen und Nöten. Ich danke Gott für die besonderen Gnaden, die er dir, heiligen Josef, verliehen hat. Durch deine mächtige Fürbitte erlange mir vom Herrn die Gnade, dich in allen Tugenden eifrig nachzuahmen. Amen.

Gebet zum Nährvater Jesu

Heiliger Josef, Nährvater Jesu, du kluger und getreuer Knecht, den der Herr über sein Haus gesetzt hat, du Beschützer meines Heilands, auch ich erwähle dich zu meinem Beschützer und besonderen Patron im Leben und im Sterben.

Sei mir auf meiner irdischen Wanderschaft ein treuer Gefährte und Führer, damit ich nie vom Weg der göttlichen Gebote abweiche.

Sei im Unglück mein Schutz, in Traurigkeit mein Trost, bis ich endlich mit dir und deiner heiligen Braut Maria und allen Heiligen im himmlischen Reich die Heiligste Dreifaltigkeit ewig preisen und mich freuen darf.
Amen.

Gebet um den rechten Arbeitsgeist

Demütiger heiliger Josef, du bist der Mann der Arbeit und der Pflichterfüllung! Wie schwer hattest du es, das tägliche Brot für Jesus und Maria zu verdienen! Deiner adeligen Abstanmmung nicht achtend tatest du einfache und harte Arbeit. Du klagtest nicht, sondern erfülltest bescheiden deine Aufgabe. Du wusstest: Alles Tun und Werken war für den Heiland und dessen Mutter. Treuer Arbeitsmann des Herrn, an dich habe ich eine große Bitte: Erlange mir, dass ich die Beschwerden meines Standes geduldig ertrage und die „gute Meinung“ am Morgen nie vergesse.

Hilf mir, immer demütig und arbeitsfroh zu sein wie du! Immer wieder bin ich in Gefahr, mich selbst zu überheben und mich besser zu zeigen, als ich wirklich bin. Von dir will ich lernen, demütig und bescheiden zu bleiben in allen Arbeiten. Gib mir auch Liebe zur körperlichen Arbeit. Daheim, im Beruf, ja überall will ich freudig helfen im kleinen, praktischen Dienst.

Heiliger Josef, segne die Arbeiter und Handwerker der ganzen Welt. Nimm sie in deinen väterlichen Schutz, damit sie nicht in den zeitlichen Sorgen das ewige Heil verlieren. Bitte Jesus, alle, die sich von ihm getrennt haben, wieder in sein Reich zurückzuführen. Amen.

An des Hauses Schutzherrn

Heiliger Josef, du halt Haus
und gieß des Himmels Segen aus
hier über unsern kleinen Herd,
dass Lieb und Eintracht stets sich mehrt,
dass Fried und Freude uns begleit

und Gottes Frucht uns steh zur Seit,
dass unser Weg zum Himmel führ
und unser Tun die Tugend zier.
Das ist heut meines Herzens Bitte:
O sei und bleib in unserer Mitte!
Dir gebe ich mit frohem Blick
den Schlüssel zu des Hauses Glück.
O schließe du doch alles aus,
was schaden könnte unserem Haus!
Schließ alle Menschen und auch mich
in Jesu Herz, das bitt ich dich.
Dass hier uns jeder Tag vergeht
wie dir im Haus zu Nazaret.

Unter deinen Schutz und Schirm

Unter deinen Schutz und Schirm fliehen wir, o heiliger Josef! Verschmähe nicht unsere Gebete in unseren Nöten, sondern hilf uns in allen Gefahren. Heiliger Vater Josef, du Helfer und Fürsprecher, bitte für uns allezeit, besonders in der Stunde des Todes. Amen.

Weihegebet an den heiliger Josef

Heiliger Josef, glorreicher Sohn Davids und Patriarch!
Wer in diesem Tränental vermag die himmlischen Gnaden zu erfassen, mit denen du während vieler Jahre überhäuft worden bist, die du mit Jesus und Maria verlebt hast?
Heiliger Josef, glücklicher Nähr- und Pflegevater Jesu!
Sei auch mein Vater. Gern weihe ich mich dir. Nimm mich als dein Kind an und lass mich stets deine Lie-

be und Macht erfahren. Erbitte mir die Gnade der Bekehrung und Beharrlichkeit im Guten und verleihe mir Anteil an deinen Tugenden. Erwirke mir innige Vereinigung mit Gott, Sammlung des Geistes, tiefe Herzensdemut und vollkommene Übereinstimmung mit dem Willen Gottes. Erflehe mir Geduld in Widerwärtigkeiten, felsenfestes Vertrauen auf die Vorsehung Gottes und brennende Liebe zu Jesus und Maria.

Heiliger Josef, reinster Bräutigam der Gottesbraut!

Nimm alle frommen und stillen, in Gott verborgenen Menschen unter deinen besonderen Schutz, vor allem jene, die nach deinem Vorbild Jesus und Maria in ihrer Zurückgezogenheit und Liebe zur Einsamkeit nachzuahmen bemüht sind. Deiner Obsorge und Fürbitte empfehle ich auch ganz vertrauensvoll die verstockten Sünder, die Sterbenden und die Armen Seelen des Fegfeuers.

Heiliger Josef, mächtiger Schirmherr der Kirche Gottes!

Ich bitte dich, segne und beschütze den Heiligen Vater, die Bischöfe und Priester und das ganze Gottesvolk.

Heiliger Josef, mein treuer Vater, Helfer und Patron!

Dir sei meine Arbeit, mein Alltag, mein Leben und Sterben geweiht. Sei immer mir nahe und segne mich. Amen.

Täglicher Anruf

Heiliger Josef, dessen Macht sich auf all unsere Nöte erstreckt, der du möglich zu machen weißt, was unmöglich zu sein scheint, schaue mit deinen väterlichen Augen auf die Anliegen deiner Kinder. Amen.

(Heiliger Franz von Sales)

Bitten an den heiligen Josef

- *Heiliger Josef, du Schutzherr der Kirche,* schütze den Papst, die Bischöfe und Priester und die ganze heilige Kirche, bewahre sie im rechten Glauben und in der Einheit.
- *Heiliger Josef, du väterlicher Beschützer unserer Familien,* schenke uns gegenseitige Liebe und den häuslichen Frieden; hilf uns in allen unseren Ängsten, Nöten und Sorgen, vor allem bei der rechten Erziehung unserer Kinder.
- *Heiliger Josef, du Schrecken der bösen Geister,* verwehre ihnen den Zugang zu unseren Familien und lass nicht zu, dass eine Seele unserer Angehörigen verloren gehe.
- *Heiliger Josef, du Vorbild und Beschützer der Arbeiter,* rette sie und ihre Familien aus allen Gefahren und Bedrängnissen der Zeit; hilf ihnen und bitte für sie.
- *Heiliger Josef, du Beschützer der Jungfrauen,* Witwen und Waisen, hilf ihnen in allen Anliegen des Leibes und der Seele.
- *Heiliger Josef, du Schutzpatron der Sterbenden,* erflehe allen heute Sterbenden und einst auch uns eine glückliche Sterbestunde.
- *Heiliger Josef, du Fürsprecher der Armen Seelen,* tröste sie in ihrer Betrübnis und führe sie zur baldigen Anschauung Gottes.
- *Heiliger Josef, wir bitten dich:* Sei du unser Vater und Beschützer, Führer und Helfer, damit wir alle in dem gegenwärtigen Kampf gegen die drohende Macht des Bösen standhalten und zur himmlischen Heimat gelangen. Amen.

Litanei zum heiligen Josef

Herr, erbarme dich unser
Christus, erbarme dich unser
Herr, erbarme dich unser
Christus, höre uns
Christus erhöre uns

Gott Vater im Himmel – *erbarme dich unser*
Gott Sohn, Erlöser der Welt
Gott Heiliger Geist
Heiliger dreifaltiger Gott

Heilige Maria – *bitte für uns*
Heiliger Josef
Du erhabener Spross Davids
Du Leuchte unter den Patriarchen
Du Bräutigam der Mutter Gottes
Du keuscher Beschützer der Jungfrau
Du Nährvater des Sohnes Gottes
Du sorgsamer Verteidiger Christi
Du Haupt der Heiligen Familie

Josef, ausgezeichnet durch Gerechtigkeit
Josef, leuchtend in heiliger Reinheit
Josef, Vorbild der Klugheit
Josef, Mann voller Starkmut
Josef, Beispiel des Gehorsams
Josef, Vorbild der Treue

Du Spiegel der Geduld
Du Freund der Armut
Du Vorbild der Arbeiter

Du Zierde des häuslichen Lebens
Du Beschützer der Jungfrauen
Du Stütze der Familie
Du Trost der Bedrängten
Du Hoffnung der Kranken
Du Patron der Sterbenden
Du Schrecken der bösen Geister
Du Schutzherr der heiligen Kirche

Lamm Gottes, du nimmst hinweg die Sünden der Welt – verschone uns, o Herr
Lamm Gottes, du nimmst hinweg die Sünden der Welt – erhöre uns, o Herr
Lamm Gottes, du nimmst hinweg die Sünden der Welt – erbarme dich unser

Er hat ihn zum Herrn seines Hauses bestellt – und zum Verwalter seines ganzen Besitzes.

Lasset uns beten: O Gott, in weiser Vorsehung gabst du den heiligen Josef der Mutter deines Sohnes als Bräutigam. Wir bitten dich, lass ihn, den wir auf Erden als Schirmherrn verehren, unser Anwalt sein im Himmel; der du lebst und herrschest in Ewigkeit. Amen.

Zu dir, o heiliger Josef

Zu dir, o heiliger Josef, fliehen wir in unserer Not und bitten dich vertrauensvoll um deinen Schutz. Um der Liebe willen, die dich mit der unbefleckten Jungfrau und Gottesmutter verband, und um der väterlichen Zuneigung willen, die du zum Jesuskind getragen, flehen wir inständig, blicke doch gnädig auf das teure Erbe herab, das Jesus Christus sich mit seinem Blute erworben, und eile uns in unseren Nöten mit deinem mächtigen Beistand zu Hilfe.

Nimm, o fürsorglicher Beschützer der heiligen Familie, die auserwählten Kinder Jesu Christi unter deine Obhut. Halte fern von uns, o liebreicher Vater, jede Ansteckung des Irrtums und der Verderbnis! Stehe uns, o unser starker Helfer, vom Himmel aus gnädig bei in diesem Kampfe mit den Mächten der Finsternis. Wie du ehedem das Jesuskind aus der höchsten Lebensgefahr errettet hast, so verteidige jetzt die heilige Kirche Gottes gegen die Nachstellungen ihrer Feinde und gegen jegliches Ungemach. Uns alle aber nimm jederzeit unter deinen Schutz, auf dass wir nach deinem Vorbild und mit deiner Hilfe heilig leben, fromm sterben und die ewige Seligkeit im Himmel erlangen mögen. Amen.

Gebet Pius X. zum heiligen Josef

Am 18. März 1909, am Vorabend des Josefestes, approbierte Papst Pius X. die kirchliche Sankt-Josef-Litanei. Auf ihr andächtiges Beten verlieh er gleichzeitig täglich einmal einen Ablass von 300 Tagen, der auch den Armen Seelen zuwendbar ist. Der Litanei fügte er das schöne und tiefe Gebet zum heiligen Josef bei:

O Gott, du hast in wunderbarer Vorsehung den heiligen Josef zum Bräutigam deiner heiligsten Mutter erkoren. Verleihe, wir bitten dich, dass wir ihn auf Erden als Schutzpatron eifrig verehren und damit seine Fürsprache im Himmel verdienen, der du lebst und regierst in alle Ewigkeit. Amen.

Ein schönes Sterben als Lohn für die täglich verrichtete Sankt-Josef-Litanei

Johann Grange, Laienbruder der Gesellschaft Jesu, hatte eine ganz kindliche Verehrung für den heiligen Josef. Eine seiner gewöhnlichen Übungen war, jeden Tag seine Litanei und andere Josefsgebete zu verrichten. Unter der Leitung und nach dem Beispiel dieses großen Heiligen gab er sich besonders dem beschaulichen Leben hin. Um seine Sammlung weniger zu verlieren, zog er es vor, trotz schwacher Gesundheit seine Arbeit als Koch ganz allein zu besorgen.

Im Jahr 1934 wurde er von seinen Obern in Kur geschickt, da er sehr leidend geworden war. Der Erfolg blieb aus und sein Lebensflämmchen schien bald auszulöschen. Ständig bemühte er sich, mit letzter Kraft den Namen Josef auszusprechen.

Kurz vor seinem Tod bemerkte der Krankenwärter, dass Johann seine Augen mit lächelnder Miene auf einen Punkt im Zimmer richtete und erkundigte sich nach dessen Grund. „Es ist der heilige Josef!“ Und wenige Augenblicke später gab er friedvoll seinen Geist auf.

Das tägliche Vaterunser zum heiligen Josef

In Brasilien war ein Jungmann ohne genügende Berufung Ordenspriester bei den Benediktinern geworden, trat dann wieder aus und führte ein liederliches Leben. Aber er betete täglich ein Vaterunser zum heiligen Josef um eine gute Sterbestunde.

Durch einen Fremden wurde einige Zeit danach derPrior eines anderen Benediktinerklosters nachts zu einem Sterbenden gerufen. Der Priester folgte dem schweigsamen Boten in eine fremde Gegend, wo letzterer vor einem Haus stehen blieb und plötzlich verschwand. Nach längerem Widerstand wurde der Priester ins Haus eingelassen und fand dort den ehemaligen Ordensmann im Sterben. Dieser hatte nicht nach der Wegzehrung verlangt, erkannte jetzt aber, dass der heilige Josef sein Gebet erhört hatte, empfing reumütig die heiligen Sterbesakramente und starb.

(Aus: Benediktus-Bote)

Sankt Josef, Patron der Sterbenden

Heiliger Alfons Maria von Liguori: „Da wir alle sterben müssen, sollten wir eine ganz andere Andacht zum heiligen Josef haben, damit er uns einen glücklichen Tod erlange; denn alle Christen betrachten ihn als den Fürsprecher der Sterbenden, der seinen Verehreren in der Todesstunde beisteht und das um drei Ursachen willen:

1. Weil Jesus ihn nicht nur wie einen Freund, sondern wie einen Vater liebt, weshalb seine Vermittlung weit mächtiger ist als die eines anderen Heiligen. Gerson sagt, dass die Bitten des heiligen Josef gewissermaßen für Jesus Befehle sind.
2. Weil der heilige Josef besondere Macht gegen die bösen Geister, die uns in der Todesstunde anfechten, erlangt hat. Da Josef unseren Heiland von den Nachstellungen des Herodes befreite, hat Gott ihm die Macht erteilt, die Sterbenden vor den Angriffen des Teufels zu schützen.
3. Weil der Beistand, den Jesus und Maria dem heiligen Josef in seiner Sterbestunde leistete, ihm das Recht

erlangte, auch seinen treuen Dienern einen heiligen und sanften Tod zu verschaffen. Wenn sie ihn also in ihrer Todesstunde anrufen, so wird er ihnen nicht nur beistehen, sondern er wird ihnen auch noch die Hilfe Jesu und Mariens verschaffen.

Sankt-Josef-Gebet für die Sterbenden*

(morgens und abends zu verrichten)

Heiliger Josef, du Nährvater unseres Herrn Jesus Christus und wahrer Bräutigam der seligsten Jungfrau Maria, bitte für uns und für die Sterbenden dieses Tages (bzw. dieser Nacht).

Kostbarer Tod der Diener des heiligen Josef

Der Tod der Kinder Marias, die beflissen sind, den heiligen Josef zu ehren, ist ausnehmend ruhig und lieblich. Die heilige Theresia von Avila erwähnt selbst die rührenden Umstände, die die letzten Augenblicke ihrer ersten Töchter, die dem heilige Josef so ergeben waren, begleiteten. „Ich habe an ihnen im Augenblick des letzten Seufzers einen unbeschreiblichen Frieden und eine große Ruhe bemerkt. Man hätte sagen können, sie wären in eine Verzückung oder in die süße Ruhe des Gebetes versunken. Nichts zeigte äußerlich an, dass eine Versuchung den inneren Frieden, dessen sie sich erfreuten, störte. Diese göttliche Erkenntnis hat

---

* Verein vom Hinscheiden des heiligen Josef für die Sterbenden jeden Tages, gegründet vom sel. Don Luigi Guanella und von Papst Pius X. zur Erzbruderschaft erhoben. Die Vereinsmitglieder beten täglich zwei Mal obiges Gebet. Anmeldungen für die Bruderschaft sind zu richten an: Kanisiusverlag, Jolimont 6, Postfach 880, 1701 Fribourg, Schweiz.

die Furcht vor dem Tod aus meinem Herzen verbannt. Sterben scheint mir jetzt das Leichteste zu sein für eine gläubige Seele."

Der gelehrte und fromme Suarez, der so schön über den heiligen Josef geschrieben hatte, wiederholte in seiner letzten Stunde mit einem unbeschreiblichen Lächeln dieses bewundernswerte Wort: Ich hätte es nie geglaubt, dass es so süß sei zu sterben."

Ich habe den Tod sehr gefürchtet, sagte auf seinem Schmerzenslager der Missionsbischof Donare in Ozeanien, „heute fürchte ich ihn nicht, schon seit zehn Monaten stelle ich meine Betrachtungen über ihn an und seit 25 Jahren bete ich täglich ein Gebet zum heiligen Josef, mir die Gnade eines guten Todes zu verleihen."

Die ehrwürdige Schwester Pudentia Zagnoni, durch ihre hervorragenden Tugenden im Orden der Franziskanerinnen sehr angesehen, hatte lebenslänglich eine große Verehrung für den heiligen Josef. Sie wurde dafür in der Stunde ihres Todes belohnt. Der Heilige erschien ihr und legte ihr das Jesuskind auf die Arme.

Man kann die unsägliche Freude, die himmlische Salbung nicht beschreiben, mit der das Herz der Kranken überflutet wurde. Es wird genügen zu sagen, dass die umstehenden Nonnen selbst davon durchdrungen wurden, als sie St. Prudentia bald das göttliche Kind, bald den heiligen Josef ansprechen hörten. Die Sterbende dankte Jesus, dass er unter einer so liebreizenden Gestalt gekommen war, sie zum ewigen Hochzeitsfeste einzuladen, das er den Jungfrauen im Himmel bereitet hat. Sankt Josef dankte sie, dass er ihr einen Besuch abgestattet habe, der ihr einen Vorgeschmack der Freuden des Paradieses gebe.

Andacht zum heiligen Josef

1. Heiliger Josef, Vater der Familien

V. Heiliger Josef, getreuer Nährvater und Beschützer des Erlösers, reinster Bräutigam der Jungfrau Maria, bitte immerdar für uns bei Jesu, dem Sohne Gottes, damit wir durch die Macht seiner Gnade gestärkt, siegreich streiten im Leben und von ihm die Krone ewiger Freuden empfangen im Sterben.

A. Heiliger Josef, du warst dem Sohne Gottes und seiner heiligsten Mutter in schwerster Bedrängnis ein todesmutiger Helfer. Mit Mutter und Kind musstest du fliehen in ein fremdes Land, weil ruchlose Mörderhände nach dem Kinde suchten. Je größer die Not der Deinen wurde, desto wachsamer schirmtest du sie. Keine Macht der Welt vermochte dich von deiner Familie zu scheiden, die von der Vorsehung deiner klugen Obhut übergeben war.

V. Erbitte allen Vätern opferstarke Hingabe und wahre Liebe zu ihrer Berufung. Heilige sie durch die Ehrfurcht, die in jeder Frau und Mutter ein Abbild der Gottesmutter sieht. Gib ihnen Demut und Gottvertrauen in allen Prüfungen, durch die sie Anteil haben am Kreuze Christi.

A. Heiliger Josef! Du weißt, wie schwer es die Welt den christlichen Eltern macht, mutig das Jawort zu sprechen zum heiligen Schöpferwillen Gottes. Bequem ist die Straße zum Verderben, steil und opfervoll der Pfad zum Glück. Stärke alle christlichen Väter und Mütter in der Treue zu ihren Standespflichten.

Bewahre ihnen die Liebe zu den Kindern, und segne sie mit jenem Gottesfrieden, wie er daheim war im Haus von Nazaret.

V. Lass unsere sorgenden Mütter, unsere schaffenden Väter auf ihrem täglichen Kreuzweg nicht mutlos zusammenbrechen. Segne ihre Werktage mit den stillen Freuden, die den opferstarken Herzen eigen sind. Die Sonntage aber lass sie verbringen in gottgeweihtem Dienst und in geheiligter Ruhe.

A. Heiliger Josef! Deiner väterlichen Obhut empfehlen wir die Kinder. Bewahre sie in der Treue zum vierten Gebot, damit der Segen des Herrn auf ihnen ruhe. Halte alles fern, was ihren Glauben bedroht und ihre Reinheit gefährdet. Lass sie wachsen an Alter, Weisheit und Gnade, damit ihre frohen Herzen nie entweiht werden durch die Bosheit der Sünde. Amen.

2. ***Heiliger Josef, Vorbild der Arbeiter***

V. Heiliger Josef, dein Leben war ein harter Werktag für Gott. Aber höher als den königlichen Adel deiner Herkunft stelltest du die Würde der täglichen Arbeit. Die Gunst der Welt galt dir nicht viel. Du warst beglückt von der Nähe und Gnade Gottes. In deiner schlichten Werkstatt heiligte der Sohn Gottes mit eigener Hand die mühevolle Arbeit und schenkte ihr den Adel höchster Ehre.

A. Heiliger Josef, du Mann der Arbeit, sei der Schutzherr des arbeitenden Volkes. Erflehe unserem täglichen Schaffen den reichen Segen des Himmels. Lass unsere Herzen nie freudlos und verbittert werden, wenn Mühsal und Sorgen den Werktag erschweren. Hilf uns, nach deinem Vorbild unsere täglichen Pflichten zu lieben und mit dem Geist christlicher Geduld, Zufriedenheit und Genügsamkeit zu erfüllen.

V. Wo die Pflicht auf uns wartet, wartet auf uns der Wille Gottes. Heiliger Josef, lehre uns die Arbeit schätzen um Christi willen. Sie sei uns die tägliche Weihegabe an Gott und die Liebesgabe an die Menschen. Gib Segen unserem Beruf; gib Mut und Kraft zum täglichen Opfergang; heilige die Arbeit unserer Hände und unseres Geistes.

A. Heiliger Josef, schaffe du Frieden auf allen Arbeitsstätten. Verbanne Zwietracht, Fluch und Hass, die den Werktag vergiften und die Arbeit zur Qual machen. Lass uns zwischen Arbeiter und Arbeitgeber, zwischen reich und arm Brücken der Liebe bauen, die keine Verhetzung zerstören kann.

V. Wir wollen allezeit verstehen, dass Krankheit und Arbeitslosigkeit eine viel härtere Buße sind als die tägliche Ermüdung im Dienste der Pflicht. Arbeit ist Auftrag Gottes, Werkgemeinschaft mit Christus und den Heiligen.

A. So lasset uns wirken, solange es Tag ist. Es kommt die Nacht, da niemand mehr wirken kann. Heiliger Josef, getreuer Werkmann Gottes, lehr uns die kurzen Jahre unseres irdischen Lebens in gottfroher Arbeit ausnützen, um dem Vater im Himmel und den Brüdern auf Erden in der Liebe Christi zu dienen. Amen.

3. *Heiliger Josef, Schutzherr der heiligen Kirche*

V. Jesus Christus, Sohn Gottes und Erlöser der Welt, von Ewigkeit her hast du in weiser Vorsehung den heiligen Josef zu deinem Beschützer erwählt. Du hast ihm das erhabene Vorrecht gegeben, für dich zu sorgen in den Jahren deiner Kindheit auf Erden und dich mit der Liebe und Macht eines Vaters zu umgeben.

A. Heiliger Geist, du hast den heiligen Josef zum jungfräulichen Gemahl der Gottesmutter ausersehen. Auf ihm ruht dein ewiges Wohlgefallen. Du nennst ihn den Gerechten. Ihm ist für alle Zeiten das Erbe der Erlösung anvertraut. Gib ihm auch heute die gnadenvolle Sendung, die heilige Kirche, den fortlebenden Christus auf Erden zu schützen, auf dass alle Welt durch ihn mit Gnade und Friede gesegnet werde.

V. Heiliger Josef, mächtiger Schutzherr der Kirche, in schwerster Zeit hat der Stellvertreter Christi sein Reich auf Erden deiner väterlichen Sorge übergeben. Mache die Kirche siegreich; bewahre sie in der Einheit der Lehre und im Geiste der Liebe bis zur Vollendung der Zeiten.

A. Erwecke in uns allen den Bekennermut der ersten

Christen. Weder Leben noch Tod soll uns zu scheiden vermögen von der Liebe Christi.

V. Die Mächte der Hölle sind am Werk, das Kreuz zu zertrümmern, die Wahrheit zu knechten, die Kirche zu verfolgen. Heiliger Josef, Schirmherr des Gottesvolkes, stärke die Kirche im Kampf und in der Verfolgung. Beschütze den Heiligen Vater, die Bischöfe und Priester. Bewahre das ganze christliche Volk in der Treue zum Glauben und in der Gnade des Herrn.

A. Wir geloben, unsere Kirche zu lieben, wie dankbare Kinder ihre gute Mutter lieben. Oft und würdig wollen wir aus ihrer Hand die Gnade der Versöhnung und das Brot des ewigen Lebens empfangen. Wir wollen die Liebe zu Christus unerschrocken durch unsere Zeit tragen. Heiliger Josef, mach uns stark und treu. Amen.

4. *Heiliger Josef, Tröster der Sterbenden*

V. Über unserem irdischen Leben steht unabänderlich das Gesetz des Todes. Ewiger Gott und Vater, du hast die Tage unseres Lebens gezählt. Du bleibst unsere einzige Hoffnung in jener schweren Stunde, da alles Zeitliche zusammenbricht. Sende uns in jener letzten Not den heiligen Josef als Tröster und Helfer.

A. Heiliger Josef, dein Leben war der Welt verborgen, dem Himmel aber vertraut. Dir wurde die Sterbestunde zum herrlichen Lohn für alle Treue und jedes Opfer, das du um Jesu willen getragen. Dir war die Gnade zuteil, in der trostvollen Gegenwart der

Gottesmutter und in den Armen des Heilands aus diesem Leben zu scheiden.

V. Heiliger Josef, hilf uns allen, die Sterbestunde rechtzeitig und ernst vorzubereiten. Vor einem jähen und unvorbereiteten Tod bewahre uns!

A. Um in der Gnade Gottes zu sterben, wollen wir in der Gnade Gottes leben. Erflehe uns wachsame Bereitschaft, denn wir wissen weder den Tag noch die Stunde, wann der Ruf des Herrn an uns ergeht!

V. Vermittle uns in den Leiden und in Krankheit den göttlichen Trost und vor dem Tode die heiligen Sterbesakramente. Erwirke uns den ewigen Frieden.

A. Jesus, Maria und Josef, euch schenke ich mein Herz und meine Seele. Jesus, Maria und Josef, steht mir im Todeskampf bei. Jesus, Maria und Josef, möge meine Seele mit euch im Frieden scheiden. Amen.

Der heilige Josef wünscht die Andacht zu Ehren seiner sieben Schmerzen und Freuden

Es befanden sich zwei Franziskaner auf einem Schiff an den Küsten Belgiens, als ein gewaltiger Sturm das Boot mit dreihundert Personen in den Fluten begrub. Die Franziskussöhne aber, die eifrige Verehrer des heiligen Josef waren und in ihrer Not zum Nährvater Christi riefen, konnten sich drei Tage lang an Balken festhalten.

Endlich legte sich der Sturm und das Meer wurde

wieder ruhig. Der heilige Josef erschien den beiden Ordensmännern und half ihnen ans Ufer. Diese warfen sich ihm zu Füßen und dankten voll Freude. Er aber sagte: „Wenn ihr mir etwas Wohlgefälliges tun wollt, lasst keinen Tag vorübergehen, ohne sieben Vaterunser und Ave Maria zu Ehren meiner sieben Schmerzen und Freuden gebetet zu haben." Nach diesen Worten verschwand er. Die Geretteten bemühten sich eifrig, dem Wunsche des großen Nothelfers nachzukommen und widmeten sich ihr Leben lang der Verherrlichung des heiligen Josef.

O heiliger Josef, jungfräulicher Vater Jesu, reinster Bräutigam der Jungfrau Maria, bitte immerdar für uns bei Jesus, dem Sohne Gottes, damit wir, durch die Macht seiner Gnade geschützt, siegreich streiten im Leben und nach dem Tode von ihm gekrönt werden. Amen.

Die 7 Vaterunser und Ave Maria zu Ehren der Schmerzen und Freuden des heiligen Josef

1. Zu Ehren der Schmerzen und Freuden des heiligen Josef um das Geheimnis der jungfräulichen Gottesmutterschaft Mariens:
   - Vater unser ...
   - Gegrüßet seist du, Maria ...
   - Ehre sei dem Vater ...

2. Zu Ehren der Schmerzen und Freuden des heiligen Josef bei der Geburt Christi im Stall zu Betlehem:
   - Vater unser ...
   - Gegrüßet seist du, Maria ...
   - Ehre sei dem Vater ...

3. Zu Ehren der Schmerzen und Freuden des heiligen Josef bei der Beschneidung und Namensgebung:
   - Vater unser ...
   - Gegrüßet seist du, Maria ...
   - Ehre sei dem Vater ...

4. Zu Ehren der Schmerzen und Freuden des heiligen Josef bei der Aufopferung Jesu im Tempel:
   - Vater unser ...
   - Gegrüßet seist du, Maria ...
   - Ehre sei dem Vater ...

5. Zu Ehren der Schmerzen und Freuden des heiligen Josef auf der Flucht, in Ägypten und in Nazaret:
   - Vater unser ...
   - Gegrüßest seist du, Maria ...
   - Ehre sei dem Vater ...

6. Zu Ehren der Schmerzen und Freuden des heiligen Josef um den zwölfjährigen Jesusknaben:
   - Vater unser ...
   - Gegrüßest seist du, Maria ...
   - Ehre sei dem Vater ...

7. Zu Ehren der Schmerzen und Freuden des heiligen Josef bei seinem Heimgang:
   - Vater unser ...
   - Gegrüßest seist du, Maria ...
   - Ehre sei dem Vater ...

Dich, heiliger Josef, preisen die Scharen der Himmelsbewohner, dich sollen verherrlichen alle Chöre der Christen.

Die 7 Schmerzen und Freuden des heiligen Josef

Heiliger Josef, um deiner sieben Schmerzen und Freuden willen bitten und beschwören wir dich, eile uns zu Hilfe mit deiner großen Macht, die du im Himmel und auf Erden hast.

1. *Heiliger Josef,* schmerzlich bedrückte dich der Gedanke, deine reinste Braut verlassen zu müssen; unbeschreibliche Freude überkam dich daher, als ein Engel dir das große Geheimnis der Menschwerdung Gottes offenbarte.
   Hilf auch uns, immer nach Gottes Willen zu entscheiden, um mit Jesus und Maria ein wahrhaft christliches Leben zu führen.
   - Vater unser ...
   - Gegrüßest seist du, Maria ...
   - Ehre sei dem Vater ...

2. *Heiliger Josef,* traurig sahst du auf die Armut, in der das Jesuskind geboren wurde; wie freute sich jedoch dein Herz an den Lobgesängen der Engel und am Lichtglanz der Heiligen Nacht.
   Lass auch uns einst Gott in seiner Herrlichkeit mit dir lobpreisen.
   - Vater unser ...
   - Gegrüßet seist du, Maria ...
   - Ehre sei dem Vater ...

3. *Heiliger Josef,* groß war dein Schmerz über das vergossene Blut des göttlichen Kindes bei der Beschneidung; der Name Jesus aber erfüllte dich mit tiefer Freude.
   Bewahre uns in der Macht und Güte vor jeder schwe-

ren Sünde und hilf uns, mit den heiligsten Namen Jesu und Mariens im Herzen freudig zu leben und selig zu sterben.
- Vater unser ...
- Gegrüßet seist du, Maria ...
- Ehre sei dem Vater ...

4. *Heiliger Josef,* welch schweren Kummer verursachte dir die Weissagung Simeons von den Leiden Jesu und Mariens; das Heil und die Auferstehung vieler jedoch trösteten dich sehr.
Wir bitten dich, mache uns stark, damit wir in festem Glauben und treuer Liebe zur ewigen Freude gelangen.
- Vater unser ...
- Gegrüßet seist du, Maria ...
- Ehre sei dem Vater ...

5. *Heiliger Josef,* gehorsam, aber voll Sorge nahmst du das Kind und seine Mutter, um nach Ägypten zu fliehen, doch groß war deine Freude, Jesus stets bei dir zu haben.
Lass uns mit deiner Hilfe jede gefährliche Gelegenheit meiden und so den höllischen Feind fernhalten, damit wir immer wie du mit Jesus und Maria vereint Gott lieben und ihm dienen.
- Vater unser ...
- Gegrüßet seist du, Maria ...
- Ehre sei dem Vater ...

6. *Heiliger Josef,* schmerzlich bedrückte dich die Furcht vor dem Nachfolger des Heroldes bei der Rückkehr

aus Ägypten; doch die Weisung eines Engels, wieder nach Nazaret zu ziehen, wandelte sie in Freude.
Wir bitten dich, halten auch unser Herz frei von schädlicher Furcht und bewahre uns die innere Ruhe im Vertrauen auf die weise Führung Gottes.

- Vater unser ...
- Gegrüßet seist du, Maria
- Ehre sei dem Vater ...

7. *Heiliger Josef,* in quälender Sorge suchtest du mit Maria, deiner teuersten Braut, nach dem verlorenen Jesus; welch tröstliche Freude erfüllte dich daher, ihn nach drei Tagen im Tempel wiederzufinden.
Lass uns, wir bitten dich inständig, in schwerer Sünde nicht eher Ruhe finden, bis wir reumütig im Sakrament der Buße den Frieden mit Gott wiedererlangt haben.
   - Vater unser ...
   - Gegrüßet seist du, Maria
   - Ehre sei dem Vater ...

Die Sankt-Josef-Tagzeiten zu Ehren der Schmerzen und Freuden des Nährvaters Christi

Diese Andacht kann täglich verrichtet werden. Sie eignet sich in besonderer Weise als Josefs-Ehrung am Mittwoch. In den Klöstern werden die Tagzeiten in acht Abschnitten zu festgelegten Stunden (Sommer/Winter, sonntags/werktags zeitlich verschieden) angesetzt. Für die Leute in der Welt wird eine Idealzeit vorgeschlagen und jeweils beiden Titeln vermerkt. Vielbeschäftigte können die Tagzeiten auch in drei Teilen verrichten und zwar:

morgens: Mette, Laudes, Prim
mittags: Terz, Sext, Non
abends: Vesper und Komplet

Zur Mette (morgens 5 Uhr)

V. Herr, öffne meine Lippen
A. und mein Mund wird dein Lob verkünden.
V. Jesus, Maria und Josef
A. seien gelobt von nun an bis in Ewigkeit.
V. O Gott, merke auf meine Hilfe!
A. Herr, eile mir zu helfen!
V. Ehre sei dem Vater und dem Sohn und dem Heiligen Geist,
A. wie im Anfang, so auch jetzt und alle Zeit und in Ewigkeit. Amen.

Lobgesang:

Von des Königs Davids Stamme,
großer Josef, edler Zweig,
groß durch Jesu Vatername,
und der größten Wunder Zeug;

groß, weil Gott dir hat gegeben
seine Mutter selbst zur Braut!
Josef, dir sei auch mein Leben
und mein Tod ganz anvertraut.

Du, o Vater aller Armen,
reiche deine Hand auch mir;
hoffnungsvoll auf dein Erbarmen
rufe ich um Hilf zu dir.

Sei gegrüßt, du Zierde der Patriarchen und Haushalter der heilige Kirche Gottes, der du das Brot des Lebens und das Getreide der Auserwählten bewahrt hast.

V. Er hat ihn zum Herrn seines Hauses bestellt
A. und zum Verwalter all seiner Güter.
V. Bitte für uns, heiliger Josef,
A. auf dass wir würdig werden der Verheißungen Christi.

Lasset uns beten: Wir bitten dich, o Herr, lass uns durch die Verdienste des Bräutigams deiner heiligen Mutter geholfen werden, heute und in der Todesstunde. Durch seine Fürbitte gewähre den Sterbenden dieser Woche Gnade, Verzeihung und Frieden. Amen.

Zur Laudes (morgens 6 Uhr)

V. Jesus, Maria, Josef
A. seien gelobt von nun an bis in Ewigkeit.
V. O Gott, merke auf meine Hilfe!
A. Herr, eile mir zu helfen!
V. Ehre sei dem Vater und dem Sohn und dem Heiligen Geist,
A. wie im Anfang, so auch jetzt und alle Zeit und in Ewigkeit. Amen.

Erster Schmerz und erste Freude

Josef, merkend, dass empfangen
seine Braut die hehre Frucht,
fühlt sein Herz erfüllt mit Bangen
und mit schwerer Zweifelsucht.
Mitten in dem Kampf und Leiden
ward ihm Gottes Werk bekannt,

und sein Herz war voll der Freuden,
da er dessen Rat verstand.

Wenn auch mich in meinen Tagen
drücket Elend, Angst und Not,
will ich meinem Gott es klagen;
die Bedrängten rettet Gott.

„Mit der Geburt Christi war es so: Maria, seine Mutter, war mit Josef verlobt; noch bevor sie zusammengekommen waren, zeigte sich, dass sie ein Kind erwartete – durch das Wirken des Heiligen Geistes. Josef, ihr Mann, der gerecht war und sie nicht bloßstellen wollte, beschloss, sich in aller Stille von ihr zu trennen“ (Mt 1, 18–19).

V. „Josef, Sohn Davids, fürchte dich nicht, Maria, deine Frau, zu dir zu nehmen;
A. denn was in ihr gezeugt worden ist, das ist vom Heiligen Geist.“
V. Bitte für uns, heiliger Josef,
A. auf dass wir würdig werden der Verheißungen Christi.

Lasset uns beten: Heiliger Josef, der du durch inneren Kampf in Treue und Glaube von Gott geprüft wurdest, erwirb uns durch deine mächtige Fürbitte die Gnade, in allen Versuchungen und Widerwärtigkeiten nie zu vergessen, dass die Zeit der Anfechtung und der Leiden eine Gelegenheit sei, unsere Treue gegenüber Gott, dem Nächsten und der Tugend in der Tat zu zeigen. Den von Jesus allen Überwindern verheißene Lohn erflehe auch uns, o großer Helfer und Schutzpatron. Amen.

Zur Prim (morgens 7 Uhr)

V. Jesus, Maria, Josef
A. seien gelobt von nun an bis in Ewigkeit
V. O Gott, merke auf meine Hilfe!
A. Herr, eile mir zu helfen!
V. Ehre sei dem Vater und dem Sohn und dem Heiligen Geist,
A. wie im Anfang, so auch jetzt und alle Zeit und in Ewigkeit. Amen.

Zweiter Schmerz und zweite Freude

Josef suchte lang mit Schmerzen
eine Herberg für das Kind;
es betrübte ihn von Herzen,
dass so hart die Menschen sind.

Josefs Kummer ward gestillt,
als das Kind geboren war;
alles ward mit Freud erfüllt
durch das Lob der Engelschar.

Du bist auch für mich geboren,
du, mein Heiland, göttlich Kind!
Ohne dich wär ich verloren;
Nur durch dich ich Rettung find.

„Und sie gebar ihren Sohn, den Erstgeborenen. Sie wickelte ihn in Windeln und legte ihn in eine Krippe, weil in der Herberge kein Platz für sie war" (Lk 2,7)

V. „Ich verkünde euch eine große Freude, die allem Volk widerfahren wird;

A. denn heute ist in der Stadt Davids der Heiland geboren worden."
V. Bitte für uns, heiliger Josef,
A. auf dass wir würdig werden der Verheißungen Christi.

Lasset uns beten: Herr und Heiland Jesus Christus, bewahre uns vor aller Härte und Verstocktheit des Herzens. Verleihe uns durch die Fürbitte Marias, deiner Mutter, und deines heiligen Nährvaters Josef, dass wir allzeit bereit sind, deine göttlichen Einsprechungen anzunehmen und zu befolgen. Du mögest freudig in unser Herz einkehren und Wohnung bei uns nehmen, bis du uns in deine ewigen Wohnungen einladen wirst. Amen.

Zur Terz (morgens 9 Uhr)

V. Jesus, Maria, Josef
A. seien gelobt von nun an bis in Ewigkeit
V. O Gott, merke auf meine Hilfe!
A. Herr, eile mir zu helfen!
V. Ehre sei dem Vater und dem Sohn und dem Heiligen Geist,
A. wie im Anfang, so auch jetzt und alle Zeit und in Ewigkeit. Amen.

Dritter Schmerz und dritte Freude

Jesus wird für uns beschnitten.
Weil er uns so zärtlich liebt,
hat er diesen Schmerz gelitten.
Josef wird dadurch betrübt.
Doch erquickt ihn Jesu Namen,
welcher allen Heil verkünd't.

Er entbrennt in Liebesflammen;
alle Traurigkeit verschwind't.

Jesu Namen will ich ehren;
er soll sein mein Trost im Leid.
Er wird meine Lieb vermehren;
er versüßt die Bitterkeit.

„Als acht Tage vorüber waren und das Kind beschnitten werden sollte, gab man ihm den Namen Jesus" (Lk 2, 21).

V. Er hat ihm einen Namen gegeben,
A. der über alle Namen ist.
V. Bitte für uns, heiliger Josef,
A. auf dass wir würdig werden der Verheißungen Christi.

Lasset uns beten: Jesus, lass nicht zu, dass dein bei der Beschneidung vergossenes Blut an uns verloren sei. Reinige mit deinen kostbaren Blutstropfen unser Herz von allen bösen Begierden und entzünde in uns einen wahren Eifer, alle Sinnlichkeit abzutöten. Sei uns stets Jesus, Heiland und Seligmacher. Durch das Herz deines geliebten Nährvaters bitten wir dich darum. Amen.

Zur Sext (mittags 12 Uhr)

V. Jesus, Maria, Josef
A. seien gelobt von nun an bis in Ewigkeit
V. O Gott, merke auf meine Hilfe!
A. Herr, eile mir zu helfen!
V. Ehre sei dem Vater und dem Sohn und dem Heiligen Geist,

A. wie im Anfang, so auch jetzt und alle Zeit und in Ewigkeit. Amen.

Vierter Schmerz und vierte Freude

Josef wird betrübt von Herzen,
da er hört von Simeon,
wie Maria viele Schmerzen
dulden muss um ihren Sohn.

Doch er hört auch vom Propheten,
was sein banges Herz erfreut:
Jesus werde viele retten
und befreien von dem Leid.

Ich will alle Sünden meiden,
und so lindern deine Pein.
So, mein Jesus, wird dein Leiden
mir auch zur Erlösung sein.

„Dieser ist dazu bestimmt, dass in Israel viele durch ihn zu Fall kommen und viele aufgerichtet werden, und er wird ein Zeichen sein, dem widersprochen wird“ (Lk 2,34).

V. Er wird sein Volk erlösen,
A. von dessen Sünden.
V. Bitte für uns, heiliger Josef,
A. auf dass wir würdig werden der Verheißungen Christi.

Lasset uns beten: Heiliger Josef, bitte mit Maria, der göttlichen Mutter, für uns um reichliche Gnade bei Jesus, damit wir bewahrt bleiben vor Sünde und Un-

tergang. Um der Verdienste Mariens und Josefs willen lass uns einst mit dir zum ewigen Leben auferstehen, o Jesus. Lob und Preis sei dir für deine Erlösungstat in Ewigkeit.
Amen.

Zur Non (nachmittags 3 Uhr)

V. Jesus, Maria, Josef
A. seien gelobt von nun an bis in Ewigkeit
V. O Gott, merke auf meine Hilfe!
A. Herr, eile mir zu helfen!
V. Ehre sei dem Vater und dem Sohn und dem Heiligen Geist,
A. wie im Anfang, so auch jetzt und alle Zeit und in Ewigkeit. Amen.

Fünfter Schmerz und fünfte Freude

Josef muss der Wut entfliehen,
die das Kind zu töten sucht.
Er muss nach Ägypten ziehen;
kummervoll ist seine Flucht.

Doch verschwindet all sein Leiden,
da er in dem Fremden Land
Götzen und Altär der Heiden
sieht gestürzt von Jesu Hand.

Lass, o Jesus, Gnad mich finden.
Kehre bei mir Armen ein.
Mache rein mein Herz von Sünden.
Lass es ganz dein eigen sein.

„Stehe auf, nimm das Kind und seine Mutter, und flieh nach Ägypten; dort bleibe, bis ich dir etwas anderes auftrage; denn Herodes wird das Kind suchen, um es zu töten“ (Mt 2,13).

V. Siehe, der Herr setzt sich auf eine leichte Wolke und kommt nach Ägypten.
A. Da beben die Götzen Ägyptens vor seinem Antlitz.
V. Bitte für uns, heiliger Josef,
A. auf dass wir würdig werden der Verheißungen Christi.

Lasset uns beten: O Jesus, um der Leiden und Freuden deines geliebten Pflegevaters willen gewähre uns in jeder Lebenslage deinen Trost und deine Gnade. Heiliger Josef, versüße uns alle Bitterkeit in diesem Leben und im Tod und geleite uns in die ewige Freude. Amen.

Zur Vesper (abends 6 Uhr)

V. Jesus, Maria, Josef
A. seien gelobt von nun an bis in Ewigkeit
V. O Gott, merke auf meine Hilfe!
A. Herr, eile mir zu helfen!
V. Ehre sei dem Vater und dem Sohn und dem Heiligen Geist,
A. wie im Anfang, so auch jetzt und alle Zeit und in Ewigkeit. Amen.

Sechster Schmerz und sechste Freude

Josef sucht mit Angst und Klagen
Jesus, das verlorene Kind,
bis er's nach drei vollen Tagen
endlich in dem Tempel find't.

Nun ist aller Schmerz verschwunden.
Aller Kummer ist gestillt.
Er hat wieder den gefunden,
der sein Herz mit Freud erfüllt.

Ach, wie oft hab ich verloren
Gottes Gnad durch meine Schuld!
Seinem Ruf schloss ich die Ohren,
doch er trug mit mir Geduld.

„Kind, wie konntest du uns das antun? Dein Vater und ich haben dich voll Angst gesucht" (Lk 2,48).

V. Nach drei Tagen fanden sie ihn im Tempel, sitzend unter den Lehrern,
A. wie er ihnen zuhörte und sie fragte.
V. Bitte für uns, heiliger Josef,
A. auf dass wir würdig werden der Verheißungen Christi.

Lasset uns beten: Heiliger Josef, um deines Schmerzes und deiner Freude willen, die du zu Jerusalem wegen Jesus empfandest, erwirb allen Getauften die Gnade zu erkennen, welch großes Unglück es ist, den Heiland durch eine schwere Sünde zu verlieren.

Hilf allen Verirrten, in Reue und Schmerz ihn wiederzufinden. Bitte unablässig für uns, damit wir alle immer bei Jesus bleiben dürfen wie du, seine Tugenden eifrig nachahmen und versuchen, ihn durch Gebet, Opfer und Sühne zu erfreuen. Dir, unserem großen Helfer und Fürsprecher, danken wir dafür. Amen.

Zur Komplet (abends 8 Uhr)

V. Jesus, Maria, Josef
A. seien gelobt von nun an bis in Ewigkeit
V. O Gott, merke auf meine Hilfe!
A. Herr, eile mir zu helfen!
V. Ehre sei dem Vater und dem Sohn und dem Heiligen Geist,
A. wie im Anfang, so auch jetzt und alle Zeit und in Ewigkeit. Amen.

Siebter Schmerz und siebte Freude

Nun, o Josef, musst du scheiden
von Maria durch den Tod
und von Jesus, der mit Freuden
dir versüßte jede Not.

Doch du stirbst in Jesu Armen,
und du hörst aus seinem Mund
nichts als Liebe und Erbarmen,
wie beglückt ist deine Stund!

Dass auch ich im Frieden sterbe,
voll der Liebe, voll der Reu,
und den Himmel so erwerbe,
steh mir, liebster Josef, bei!

„Jesus war etwa dreißig Jahre alt, als er zum ersten Mal öffentlich auftrat. Man hielt ihn für den Sohn Josefs" (Lk 3,23).

V. O, dass ich den Tod des Gerechten sterbe,
A. und dass mein Ende ihrem Ende gleiche.

V. Bitte für uns, heiliger Josef,
A. auf dass wir würdig werden der Verheißungen Christi.

Lasset uns beten: Heiliger Josef, der du unter dem trostreichen Beistand Jesu und Marias aus diesem Leben schiedest, sei uns in der Todesstunde hilfreich zur Seite. Erlange uns den Trost, von Jesus, Maria und dir gestärkt, einst ohne Kampf in die ewigen Freuden einzugehen, um dort mit allen Engeln und Heiligen die Heiligste Dreifaltigkeit ewig anbeten und lieben zu dürfen.

Du Schutzpatron einer guten Sterbestunde, dir befehlen wir ganz besonders die unvorbereiteten Sterbenden an. Gott und dir sei gedankt für deinen hohen Dienst an uns in der wichtigsten und schwersten Stunde des Lebens. Amen.

Der Mittwoch ist Sankt Josef geweiht

Der Sankt-Josefs-Mittwoch

Der Mittwoch (besonders der erste eines jeden Monats) ist dem heiligen Josef geweiht. Man besuche, wenn möglich, an diesen Tagen die heilige Messe und opfere dem Nährvater Christi die heilige Kommunion auf zu seiner größeren Ehre und Verherrlichung. Es ist ratsam, zu Ehren des heiligen Josef öfters ein gutes Werk zu tun und Almosen zu spenden. Am Mittwoch pflege man besondere Andachten zu Ehren des heiligen Josef wie zum Beispiel: Weihe, Litanei, Rosenkranz, die Verehrung der sieben Schmerzen und Freuden des heiligen Josef, …

Mutter Vogls Mittwoch-Verehrung des heiligen Josef

Mutter Vogl trachtete stets danach, an jedem Mittwoch dem heiligen Josef eine besondere Freude zu machen. An einem Mittwoch fragte sie die Gottesmutter: „Ist es dir recht, wenn ich heute die heilige Kommunion deinem Bräutigam aufopfere?“ Und sie erhielt die Antwort: „Wenn du meinem Bräutigam Josef zu seiner größeren Ehre und Verherrlichung die heilige Kommunion aufopferst, machst du mir die größte Freude.“

Ave Josef

Gegrüßet seist du, heiliger Josef! Gott hat dich mit Gnaden reich beschenkt. Auf deinen Armen durftest du den Heiland tragen, und unter deinen Augen wuchs er heran. Du bist gebenedeit unter allen Männern, und gebenedeit ist Jesus, das göttliche Kind deiner jungfräulichen Braut.

Heiliger Josef, sei du, den Gott erwählt hat zum Pflegevater seines einzigen Sohnes, allzeit unser Fürsprecher in unseren Sorgen um unsere Familie, um unser Wohlergehen, um unsere Berufsarbeit. Steh uns endlich auch gnädig bei in der Stunde unseres Todes. Amen.

Begrüßung des heiligen Josef

Sei gegrüßt, heiliger Josef, du Abbild Gottes, des himmlischen Vaters.

Sei gegrüßt, heiliger Josef, der du Vater des Sohnes Gottes genannt wirst.

Sei gegrüßt, du Heiligtum des Heiligen Geistes.

Sei gegrüßt, du Geliebter der Allerheiligsten Dreifaltigkeit.

Sei gegrüßt, du treuester Mithelfer Gottes bei der Ausführung seiner heiligsten Ratschläge.

Sei gegrüßt, du würdiger Bräutigam der jungfräulichen Mutter.

Sei gegrüßt, du geistlicher Vater der Gläubigen.

Sei gegrüßt, du besonderer Beschützer jungfräulicher Seelen.

Sei gegrüßt, du innigster Freund der Armut.

Sei gegrüßt, du Vorbild der Sanftmut und Geduld.

Sei gegrüßt, du Beispiel der Demut und des Gehorsams.

Sei gegrüßt, du Beschützer der heiligen Kirche.

Gesegnet sind die Augen, die gesehen haben, was du gesehen.

Gesegnet sind die Ohren, die gehört, was du gehört.
Gesegnet sind die Hände, die das menschgewordene ewige Wort berührt haben.
Gesegnet sind die Arme, die denjenigen getragen, der alles trägt.
Gesegnet ist die Brust, an welcher der Sohn Gottes sanft ruhte.
Gesegnet ist dein Herz, das am Herzen Jesu zur innigsten Liebe entzündet wurde.
Gepriesen sei der himmlische Vater, der dich zu hoher Würde auserwählt hat.
Gepriesen sei der Sohn Gottes, der dich wie seinen Vater geliebt hat.
Gepriesen sei der Heilige Geist, der dich auf so ausgezeichnete Weise geheiligt hat.
Gepriesen sei auch Maria, deine Braut, die dich als ihren Bräutigam und Bruder geliebt hat.
Gepriesen sei jener Engel, der dich auf Erden beschützt hat.
Hilfe und Gnade sei auch all denen, die dich verehren und lieben.

Dank- und Preisgebet

- Heiligste Dreifaltigkeit, die du den heiligen Josef vom ersten Augenblick seines Daseins mit Gnaden und Segnungen überhäuftest, ich danke dir.
- Dreieiniger Gott, der du ihn mit Vorzügen ausgestattet hast, die ihn über alle Heiligen sowohl des Alten wie des Neuen Testamentes, Maria ausgenommen, erheben, ich danke dir.
- Ewiger Vater, der du ihn auserwähltest, auf Erden

deine Stelle bei deinem einzigen Sohn zu vertreten und ihm als Vater zu dienen, ich danke dir.

- Jesus Christus, der du ihn zu deinem Nährvater und zum Beschützer Mariens erwähltest, ich danke dir.
- Heiliger Geist, der du ihn mit deinen Gaben schmücktest, damit er imstande sei, den hohen Absichten Gottes zu entsprechen, ich danke dir.
- Königin der Engel, die du Josef als deinen Herrn liebtest und verehrtest, ich danke dir. Heiliger Josef, der du an Reinheit den Engeln, an Weisheit den Cherubim und an Liebe den Seraphim gleich warst, ich danke dir.
- Glorwürdiger Heiliger, der du der Zeuge der Kindheit Jesu, der Gefährte in seiner Verbannung, sein Meister bei der Arbeit warst, ich preise dich.
- Heiliger Pflegevater Josef, der du den Geist in der Gegenwart Jesu und Mariens aufgabst, ich lobe dich.
- Liebreicher Vater, dessen Leben unvergleichliche Tugenden und Verdienste zierten, ich liebe und verehre dich.
- Gepriesen sei der Herr, der in dir und durch dich so Großes vollbrachte. Einst konnte niemand zu Jesus und Maria kommen, wenn du ihn nicht zuließest in deine Wohnung zu Nazaret. Heute noch kannst du mir Zutritt verschaffen zu den Herzen Jesu und Mariens. Auf dich setze ich mein Vertrauen. Du wirst mir in all meinen Anliegen stets liebevoll helfen. Ich danke dir. Amen.

Kurze Weihe und Novene an den Mittwochstagen

Heiliger Josef, glorwürdiger Pflegevater Jesu und Bräutigam der seligsten Jungfrau Maria! Ich erwähle dich heute zu meinem Vater und Beschirmer. Dir vertraue ich meinen Leib und meine Seele an. Auch sei dir mein ganzes Leben geweiht. Dich stellte der Heilige Geist der Welt als Spender seiner himmlischen Gaben vor. Darum kannst du auch nach dem Zeugnis der heilige Theresia alles von Gott erlangen, was dir gefällig ist. Deshalb wende ich mich vertrauensvoll an dich. Ich übergebe dir meine Sorgen, Nöte und Beschwerden. Um der Fülle der Gnaden willen, mit denen dich der Heilige Geist in Vereinigung mit dem Vater und dem Sohn gesegnet hat, befreie mich, so es dem göttlichen Willen entspricht, von meinem Leid. Erwirb mir jene Tugenden, die du auf Erden besonders übtest.

Sankt-Josefs-Litanei

Herr, erbarme dich unser
Christus, erbarme dich unser
Herr, erbarme dich unser
Christus, höre uns
Christus, erhöre uns

Gott Vater im Himmel – *erbarme dich unser*
Gott Sohn, Erlöser der Welt
Gott Heiliger Geist
Heiliger dreifaltiger Gott

Heilige Maria, du Braut des heiligen Josef – *bitte für uns*
Heiliger Josef, du Bräutigam der Jungfrau Maria
Du Nährvater und Beschützer Jesu
Du Mann nach dem Herzen Gottes
Du getreuer und kluger Knecht

Du Beschützer der Jungfräulichkeit Marias
Du Begleiter und Tröster Marias
Du Beispiel der reinsten Keuschheit
Du Vorbild der tiefsten Demut
Du Muster der heiligen Liebe
Du Spiegel der Eheleute
Der du die Menschwerdung des ewigen Wortes durch Gottes Offenbarung erkannt hast
Der du mit Maria im Gehorsam nach Betlehem gereist bist
Der du in der Herberge keinen Platz gefunden hast und in einem Stall eingekehrt bist
Der du den neugeborenen Erlöser in der Krippe angebetet hast
Der du den Knaben Jesus im Tempel mit seiner Mutter dem Herrn aufgeopfert hast
Der du auf Geheiß des Engels mit ihm und seiner Mutter nach Ägypten geflohen bist
Der du nach dem Tode des Herodes mit ihnen in das Land Israel zurückgekehrt bist
Der du den verlorenen Jesusknaben mit Maria drei Tage lang mit Schmerzen gesucht hast
Der du ihn nach drei Tagen mit Freuden im Tempel wiedergefunden hast
Du Lehrmeister der Betenden
Du Zuflucht der Betrübten
Du Vater der Armen
Du Erhalter des Friedens
Du Schutz der Reisenden
Du Trost der Sterbenden
Du unser liebreicher Fürsprecher
Du unser mächtiger Schutzpatron

In all unseren Anliegen – *hilf, heiliger Josef*
In all unseren Nöten
In der Stunde unseres Todes
Den christlichen Braut- und Eheleuten
Den Eltern in der Erziehung ihrer Kinder
Der weltlichen und geistlichen Obrigkeit
Allen, die auf dich vertrauen, dich verehren und lieben
Allen, die jetzt im Todeskampf liegen
Den Armen Seelen des Fegfeuers

Lamm Gottes, du nimmst hinweg die Sünden der Welt – verschone uns, o Herr
Lamm Gottes, du nimmst hinweg die Sünden der Welt – erhöre uns, o Herr
Lamm Gottes, du nimmst hinweg die Sünden der Welt – erbarme dich unser, o Herr

Bitte für uns, o heiliger Josef –
auf dass wir würdig werden der Verheißungen Christi.

Lasset uns beten: O Gott, der du den heiligen Josef zum Gemahl der seligen, allzeit unversehrten Jungfrau Maria und zum Beschützer und Ernährer deines geliebten Sohnes, unseres Herrn und Heilands Jesus Christus, erwählt hast, verleihe uns durch seine Fürsprache die Reinheit des Leibes und der Seele, damit wir unbefleckt und mit dem hochzeitlichen Kleide geschmückt, zur himmlischen Hochzeit zugelassen werden. Dies bitten wir durch Jesus Christus, deinen Sohn, der mit dir und dem Heiligen Geist lebt und regiert von Ewigkeit zu Ewigkeit. Amen.

Der Rosenkranz zu Ehren des heiligen Josef

Der Pater Anton Natali von der Gesellschaft Jesu, ein berühmter Missionar, hatte große Neigung zum beschaulichen Leben und folglich eine große Verehrung für den heiligen Josef. Darum ließ er keine Gelegenheit, ihn zu ehren, vorübergehen. Er veröffentlichte unter anderem ein kleines Werk, worin er alle Christen einlud, den heiligen Josef besonders zu verehren. Er machte missionarische Reisen durch den dritten Teil Siziliens. Sein Wirken stellte er unter den Schutz des heiligen Pflegevaters Christi. Täglich betete er einen Rosenkranz zu Ehren des heiligen Josef, den er selbst verfasst hatte.

Einst verlor er die Rosenkranzgebetsschnur, woran er immer seine Gebete verrichtet hatte. Er flehte den großen Patriarchen an, sie ihm wieder zu bringen. Und in der Tat, dieses Gebet blieb nicht unerhört. Eines Morgens, als er sein Dankgebet nach der heiligen Messe verrichtete, näherte sich ein Kind voll Anmut und Schönheit und gab ihm den Rosenkranz.

Sankt-Josef-Rosenkranz

1. Jesus, der du den heiligen Josef zum Bräutigam der allerreinsten Jungfrau Maria erwählt hast.
2. Jesus, der du den heiligen Josef als Nährvater geliebt hast.
3. Jesus, der du dem heiligen Josef gehorsam gewesen bist.
4. Jesus, der du mit dem heiligen Josef gebetet und gearbeitet hast.
5. Jesus, der du den heiligen Josef zum Patron der Kirche bestellt hast.

Rosenkranz zum heiligen Nährvater Josef

1. Heiliger Vater Josef, du großer Anwalt beim göttlichen Herzen Jesus, bitte für uns.
2. Heiliger Vater Josef, du Bewahrer großer göttlicher Geheimnisse, teile sie uns und den Priestern mit.
3. Heiliger Vater Josef, du Vorbild des Gehorsams und der Demut, ordne unser inneres und äußeres Leben.
4. Heiliger Vater Josef, du Schutzherr der Kirche, steh uns und den Priestern bei und rette uns aus allen Gefahren.
5. Heiliger Vater Josef, steh uns im Sterben bei und hilf uns aus aller Not und Bedrängnis.

Bitt-Rosenkranz zum heiligen Josef

1. Glückseliger heiliger Josef, du Erbe des Glaubens aller Patriarchen, hilf uns, die kostbaren Tugenden: Glaube, Hoffnung und Liebe, die uns in der heiligen Taufe eingegossen wurden, treu und unverletzt zu bewahren. Denn ohne diese herrlichen Tugenden kann niemand Gott gefallen. Steh uns bei, damit wir die drei göttlichen Tugenden immer vollkommener üben. (1 Mal)

- Gegrüßet seist du, heiliger Josef, Nährvater Christi und Bräutigam Mariens, reich an Gnade. Der Herr ist mit dir. Du bist gebenedeit unter den Männern der Erde und gebenedeit ist Jesus, der Sohn der allerreinsten Jungfrau. Heiliger Josef, mächtiger Helfer in allen Anliegen, Beschützer und Vorbild der Reinheit, bitte für uns Sünder jetzt und in der Stunde unseres Todes. Amen. *(10 Mal)*

- Ehre und Dank sei dem Vater, dem Sohn und dem Heiligen Geist für den glorreichen heiligen Josef und seine großen Gnaden jetzt und alle Zeit und in Ewigkeit. Amen. *(1 Mal)*

2. Tugendreicher heiliger Josef, deiner treuen Obhut wurden Jesus und Maria anvertraut. Um dieser großen Ehre willen erlange uns in vollkommener Weise die Grundtugenden: Klugheit, Gerechtigkeit, Mäßigung und Starkmut und vor allem die Tugenden der Reinhei, Demut und des Gehorsams. (*1 Mal*)

- Gegrüßet seist du, heiliger Josef … *(10 Mal)*
- Ehre und Dank sei dem Vater … *(1 Mal)*

3. Vortrefflicher heiliger Josef, du Patron der Arbeiter, erbitte uns die Gnade, dass wir unsere Arbeit im Geist der Sühne und Buße verrichten. Hilf uns, unsere Pflichten gewissenhaft zu erfüllen und weder auf Anerkennung noch auf Lob zu achten, bescheiden zu sein in unseren Ansprüchen und die von Gott verliehenen Talente gut zu nutzen. Lass unsere Arbeit vereint mit den Werken der Heiligen Familie von Nazaret Gott wohlgefällig und durch dich aufgeopfert sein. (*1 Mal*)

- Gegrüßet seist du, heiliger Josef … *(10 Mal)*
- Ehre und Dank sei dem Vater … *(1 Mal)*

4. Ruhmreicher heiliger Josef, du Schirmherr der Kirche, lass nicht zu, dass die vielgeliebte „Braut Jesu Christi auf Erden“ von inneren oder äußeren Feinden arg ge-

schändet und gefährdet wird. Sieh auf den schweren Stand des Stellvertreters Gottes auf Erden und lege in rührender Weise für ihn bei Jesus Fürsprache ein. Ferner empfehlen wir deinem väterlichen Schutz den ganzen Klerus und das gesamte Gottesvolk. (*1 Mal*)

- Gegrüßet seist du, heiliger Josef ... *(10 Mal)*
- Ehre und Dank sei dem Vater ... *(1 Mal)*

5. Mächtiger heiliger Josef, du Schrecken der bösen Geiser, du Beschützer der Notleidenden und Patron der Sterbenden, verjage den bösen Feind, damit er uns nicht anfechten und schaden kann. Beschütze jene, die mit der Verzweiflung ringen. Tröste die Trauernden, die Geknechteten, die Kranken und Leidbeladenen. Wir weihen dir unsere Todesstunde und empfehlen dir die Sterbenden der ganzen Welt. (*1 Mal*)

- Gegrüßet seist du, heiliger Josef ... *(10 Mal)*
- Ehre und Dank sei dem Vater ... *(1 Mal)*

Heiliger Josef, hilf uns, die Ehre Gottes zu mehren, indem wir in Liebe dienen.

Kurzer Rosenkranz zum heiligen Josef

Ehre sei dem Vater ... (*1 Mal*)
Heiliger Vater Josef, um deiner sieben Freuden und Leiden willen bitten wir dich: Eile uns zu Hilfe mit deiner großen Macht, die du im Himmel und auf Erden hast. (*10 Mal*)

Unter deinen Schutz und Schirm fliehen wir, o heiliger Josef! Verschmähe nicht unsere Gebete in unseren Nöten, sondern hilf uns in allen Gefahren. Heiliger Vater Josef, du Helfer und Fürsprecher, bitte für uns allezeit, besonders in der Stunde des Todes. Amen. (*1 Mal*)

Andacht für den Sankt-Josef-Mittwoch

Wer seinen Herrn behütet, wird hoch geehrt.
Wer in Weisheit handelt, der wird gerettet.

Heiliger Josef, Nährvater Jesu Christi, vor allen Söhnen Adams zeichnete Gott dich aus. Du sahst nicht nur den, den so viele Könige und Propheten zu schauen wünschten, sondern du umfingst ihn auch mit der innigen Liebe eines Vaters. Du gabst dem, der alles erhält und mit Segen erfüllt, Nahrung und Kleidung. Der alles trägt mit dem Arm seiner Macht, beschirmtest du.

Erbitte uns deine Liebe zu Jesus.

Der Engel Gabriel wurde zur Jungfrau Mara nach Nazaret gesandt, die verlobt war mit einem Mann namens Josef aus dem Hause Davids.

Heiliger Josef, jungfräulicher Gemahl der seligsten Jungfrau Maria, aus allen Männern des königlichen Geschlechtes Davids wurdest du von Gott als ihr Bräutigam erwählt. Du weihtest Jesus und seiner Mutter all deine Kräfte.

Bitte für uns, für all unsere Angehörigen und Mitmenschen, damit wir alle treue Jünger Jesu und kindliche Verehrer seiner Mutter werden. Amen.

Er setzte ihn zum Herrn über sein Haus und zum Fürsten über all sein Gut.

Heiliger Josef, Haupt der Heiligen Familie, jungfräulicher Gemahl der Gottesmutter, im Heiligen Haus zu Nazaret wohnten allzeit Glück und Frieden, denn der Herr des Himmels und der Erde, der Quell allen Friedens, lebte dir und Maria untertan in eurer Mitte.

Erflehe allen Familien etwas von diesem Glück und diesem Frieden. Erbitte allen Eltern den Geist der Gottesfurcht und Selbstvergessenheit. Erflehe den Kindern, dass sie das Vorbild des göttlichen Kindes, seinen Gehorsam und seine Liebe stets vor Augen haben. Amen.

Geht zu Josef, und was er euch sagen wird, das tut.

Heiliger Josef, du warst nicht reich an Gütern dieser Welt. Aber du trugst einen kostbaren inneren Reichtum in deinem Herzen. Wir bewundern deinen Glauben und dein Gottvertrauen, deine Gerechtigkeit und Seelenreinheit, deine Treue und Zufriedenheit, deinen Gehorsam, deine Arbeitsamkeit und deinen Eifer im Dienste Gottes. Dein Leben zeigt den Arbeitern, wie man in harter Berufsarbeit Gott dienen und sein ewiges Heil erlangen kann.

Hilf, heiliger Josef, dass wir treu wie du unsere tägliche Arbeit tun und dass wir bei aller Sorge um die Güter diese Erde die himmlischen Schätze nicht verlieren. Amen.

Wohlan, du guter und getreuer Knecht, geh ein in die Freude deines Herrn.

Heiliger Josef, du schiedest unter dem sichtbaren Beistand der Gottesmutter und in den Armen deines göttlichen Pflegesohnes aus dieser Welt. Wir verehren dich als Schutzpatron der Sterbenden.

Lass durch deine Fürsprache das Ende unseres Lebens deinem seligen Sterben gleichen. Bitte für uns und unsere Angehörigen, dass der Herr uns bewahre vor einem jähen Tod. Lass keinen aus unserer Mitte ohne die heiligen Sakramente aus diesem Leben scheiden. Komm uns im Sterben mit Jesus, Maria und den heiligen Engeln zu Hilfe. Amen.

Gebet für den Sankt-Josef-Mittwoch

Heiliger Josef, du warst die Stütze der Heiligen Familie von Nazaret. An dich richtete der Engel seinen Auftrag, sooft Gefahr drohte. Gott stellte deinen Glauben und dein Vertrauen auf harte Proben. Du bewährtest dich und so wurde dir vom Herrn noch Größeres übergeben.

Die ganze Weltkirche schaut heute zu dir auf und verehrt dich als ihren Schutzherrn. Für viele christliche Familien bist du der große Helfer und Fürbitter. Die Arbeiterschaft verehrt dich als ihren Patron. Die Kranken und Leidenden, die Armen und Bedrängten nehmen zu dir ihre Zuflucht in jeder Not. Es war dir nicht beschieden, das große Wirken deines Pflegesohnes zu erleben. Gott schenkte dir das Glück, das keinem anderen zuteil wurde. Du durftest in den Armen Jesu und Mariens sterben. Du bist der Patron für die entscheidende Stunde im Leben des Menschen, für die Todesstunde.

Du großer Freund aller Brüder und Schwestern Jesu! Schirme den Papst und die Bischöfe. Schütze die Priester und Ordensleute. Hilf allen Gläubigen!

Lass uns alle zunehmen an Weisheit und Gnade vor Gott und den Menschen. Hilf, dass alle Familien die Prüfungen des Lebens bestehen!

Steh uns bei, wenn die Sterbestunde naht. Halte fern von uns falsche Freunde, die uns über die Gefahr des Todes hinwegtäuschen. Lass uns ruhig und ergeben dem Tod entgegensehen. Hilf uns, damit wir rechtzeitig nach den heiligen Sakramenten verlangen! Bewahre uns vor einem jähen und unvorbereiteten Tod! Amen.

St.-Josef-Sieben-Schmerzen-und-Freuden-Andacht

1. Heiliger Patriarch, ich erwäge den unbeschreiblichen Schmerz deines liebenden Herzens und deine Ratlosigkeit, ob du deine Braut verlassen solltest und betrachte deine noch größere Freude, die dich erfüllte, als der Engel dir das anbetungswürdige Geheimnis der Menschwerdung offenbarte. Durch diesen Schmerz und diese Freude erlange mir die Gnade eines guten Gewissens und den Trost, in der Gegenwart Jesu, Mariens und der Deinen zu leben und einst selig zu sterben.

    - Vater unser …
    - Gegrüßet seist du, Maria …
    - Ehre sei dem Vater …

2. Heiliger Nährvater des menschgewordenen Wortes, ich freue mich, dass dein Schmerz, Jeus in so großer Armut zur Welt kommen zu sehen, sich in Freude verwandelte, als du die Engel in himmlischen Harmonien seine so glückbringende Geburt verherrli-

chen hörtest. Durch diesen Schmerz und diese Freude erlange mir vom Herrn wahren Trost in Not und Tod und einst die Gnade, ihn im Himmel ewig zu schauen und den Lobgesang der Engel zu vernehmen.

- Vater unser …
- Gegrüßet seist du, Maria …
- Ehre sei dem Vater …

3. Getreuer Befolger des göttlichen Gesetzes, ich erwäge, wie dein Herz den Schmerz des göttlichen Kindes bei seiner Beschneidung mitlitt und wie du dich über den Namen Jesus, der ihm gegeben wurde, freutest. Durch diesen Schmerz und diese Freude erlange mir den Sieg über die ungeregelten Neigungen, die mich bedrängen, und das Glück, einst sterbend den Namen Jesus im Herzen und auf meinen Lippen zu haben.

- Vater unser …
- Gegrüßet seist du, Maria …
- Ehre sei dem Vater …

4. Glücklicher Vertrauter der Geheimnisse der Erlösung, ich betrachte, wie die Weissagung Simeons über das, was Jesus und Maria zu erdulden haben würden, dir tiefen Kummer bereitete, und andererseits der Gedanke an die Frucht dieser Leiden, die glorreiche Auferstehung des Herrn und das Heil so vieler Seelen, eine überaus große Freude für dich war. Durch diesen Schmerz und diese Freude erlange mir, zur Zahl jener zu gehören, die kraft der Verdienste

Christi und der Fürbitte Mariens dereinst glorreich auferstehen.

- Vater unser ...
- Gegrüßet seist du, Maria ...
- Ehre sei dem Vater ...

5. Eifriger Beschützer des Sohnes Gottes, in stiller Bewunderung betrachte ich die vielen Mühen und Anstrengungen, die du dir kosten ließest, um ihn zu nähren und ihm zu dienen, besonders während der Verbannung in Ägypten. Ich erwäge aber auch die Freude, die dir beschieden war, ständig in seiner Gegenwart zu leben. Durch diesen Schmerz und diese Freude erlange mir, alle irdischen Anhänglichkeit, die mit dem Willen Gottes nicht übereinstimmt, zu bekämpfen, mich ganz dem Dienste Jesu und Mariens zu widmen und wie du in steter Vereinigung mit ihnen zu leben.

- Vater unser ...
- Gegrüßet seist du, Maria ...
- Ehre sei dem Vater ...

6. Glorreicher heiliger Josef, ich erwäge, wie du aus Ägypten zurückkehrend, für das Kind Jesus die Grausamkeiten des Herodessohnes befürchtet und wie dir die Ehre zuteil wurde, von einem Engel beruhigt zu werden, so dass du voll freudigen Vertrauens nach Nazaret zurückgehen konntest. Durch diesen Schmerz und diese Freude erlange mir, dass mein Herz frei bleibe von jeder schädlichen Furcht, dass

ich die Ruhe des Gewissens bewahre, zufrieden mit Jesus und Maria lebe und dereinst in ihrer Mitte sterbe.

- Vater unser …
- Gegrüßet seist du, Maria …
- Ehre sei dem Vater …

7. Muster aller Heiligkeit, glorreicher heiliger Josef, ich bedenke, wie du Jesus, den du ohne deine Schuld verloren hattest, drei Tage voller Schmerzen suchtest und ihn voll Freude im Tempel wiederfandest. Durch diesen Schmerz und diese Freude erlange mir, dass ich niemals das Unglück habe, Jesus durch eine schwere Sünde zu verlieren. Vielmehr will ich mich bemühen, ihn zu suchen, sobald er sich auch nur im Mindesten von mir entfernt. Vor allem hilf mir, ihn in meiner letzten Stunde zu besitzen, damit ich mich im Himmel seiner erfreue. Amen.

- Vater unser …
- Gegrüßet seist du, Maria …
- Ehre sei dem Vater …

Sr. Maria Theresia Nicoli und die Sieben-Mittwoch-Andacht

Die Nonne Maria Theresia Nicoli aus dem Orden der heiligen Maria vom Gebete zu Malamoco in Italien wurde von verschiedenen Leiden heimgesucht, die sie unablässig während zehn Jahre quälten: Schlaganfall, Epilepsie, verbunden mit einem Nervenleiden, die ihre

Glieder krümmten und steif machten, in der Folge allgemeine Lähmung, nebst heftiger Schmerzen in verschiedenen Teilen des Körpers, lebensgefährliche Fieberanfälle und eine Kontraktion der Muskeln, die ihr das rechte Bein um 17 cm verkürzte.

Nach dieser langen Leidenszeit fügte es Gott, dass sie von einer wunderbaren Heilung durch Sankt Josef in Venedig hörte. Die kranke Nonne entschloss sich, zu diesem großen Heiligen ihre Zuflucht zu nehmen und zu seiner Ehre die Andacht von sieben Mittwochstagen mit einigen ihrer Gefährtinnen zu verrichten.

Am ersten Sankt-Josef-Mittwoch, der auf den 26. März 1710 fiel, hatte sie nach der heiligen Kommunion eine jener fürchterlichen Krisen, die sie öfters heimsuchten und die ihr Sprache, Bewegung und Empfindung raubten. Eine Viertelstunde lang schien sie wie tot. Als sie wieder zu sich kam, ermunterten sie ihre Mitschwestern, voll Vertrauen den heiligen Josef um Hilfe anzugehen. Sie tat es und verlangte drei Fäden vom Gewand der Statue, die man in der Josefskirche zu Venedig verehrte.

Nachdem sie die drei Fäden vom Kleid der Josefsstatue verschluckt hatte, schien es ihr, als ob eine Hand ihr rechtes Bein in die richtige Länge ziehe. Sie fühlte neue Kräfte in sich, stand auf und dankte Gott und dem heiligen Josef für die Hilfe. Da ihr einiger Schmerz im Bein verblieb, riet man ihr, nur mit Hilfe eines Stockes zu gehen. Weil sie wünschte, auch das restliche Leiden loszuwerden, machte sie das Gelübde, lebenslänglich zum Josefsfest (19. März) die Sieben-Mittwoch-Andacht zu pflegen. Am letzten Tag dieser Mittwoch-Andacht erlitt sie erneut einen Anfall, aber ohne Sprachverlust.

Sie rief zum heiligen Josef um Hilfe und verschluckte erneut zwei Fäden seines Gewandes. Wiederum fühlte sie eine Hand, die ihr Bein berührte. Völlige und dauerhafte Heilung trat ein, so dass sie ihre früheren Tätigkeiten ohne jede Beschwerde aufnehmen konnte.

Aus: „Heiliger Josef" von Pater Huguet

O Josef, jungfräulicher Vater Jesu, reinster Bräutigam der Jungfrau Maria, bitte immerdar für uns bei Jesus, dem Sohne Gottes, damit wir, durch die Macht seiner Gnade geschützt, siegreich streiten im Leben und nach dem Tode von ihm gekrönt werden. Amen.

Die Sieben-Mittwoch-Andacht des heiligen Alfons Maria von Liguori

(Neufassung)
Folgende Gebete zu Ehren der Schmerzen und Freuden des heiligen Josef sowie je eine der Betrachtungen werden an sieben Mittwochstagen vor oder nach den Josefsfesten oder als Sieben-Tage-Andacht (als Festvorbereitung) gepflegt.

Die vier Sankt-Josefsfeste sind:

1. Vermählung Mariens mit Josef (23. Januar; dieses Fest ist besonders in Spanien bekannt)
2. Hauptfest des heiligen Josef (19. März)
3. Schutzfest des heiligen Josef (Mittwoch nach dem zweiten Sonntag nach Ostern; früher am 3. Sonntag nach Ostern)
4. Josef, der Arbeiter (1. Mai; 1956 von Papst Pius XII. eingeführt)

Gebete für die Sieben-Mittwoch-Andacht zu Ehren der Schmerzen und Freuden des heiligen Josef

1. Keuscher Bräutigam der seligsten Jungfrau Maria, glorwürdiger heiliger Josef! Ich erwäge den furchtbaren Schmerz, den du auszustehen hattest, als du glaubtest, deine unbefleckte Braut verlassen zu müssen und die beglückende Freude, die du empfandest, als der Engel dir das Geheimnis der Menschwerdung Jesu Christi verkündete. Um dieses Schmerzes und dieser Freude willen bitte ich dich um deinen Trost im Leben, deinen Rat in Entscheidungen und deine Hilfe im Sterben.

   - Vater unser …
   - Gegrüßet seist du, Maria …
   - Ehre sei dem Vater …

2. Glückseliger Patriarch, glorwürdiger heiliger Josef! Du Nährvater des menschgewordenen Wortes, in stiller Ehrfurcht betrachte ich jenen Schmerz, den du empfandest, als du das Kindlein Jesus in so großer Armut geboren sahst, und deine heilig Freude über den Gesang der Engel. Ich gratuliere dir, dass du Zeuge all dessen wurdest, was in jener freudenreichen Nacht geschah. Erwirke mir um dieses Schmerzes und dieser Freude willen die Gnade, beim Verlassen dieser Welt den heiligen Gesang der Engel zu hören und die Herrlichkeit des Himmels die ganze Ewigkeit hindurch zu genießen.

   - Vater unser …
   - Gegrüßet seist du, Maria …
   - Ehre sei dem Vater …

3. Vollkommener Beobachter des göttlichen Gesetzes, glorwürdiger heiliger Josef! Mitfühlend betrachte ich, wie dein Herz bei der Beschneidung Jesu vom Schmerz verwundet war, als sein kostbares Blut floss. Ich freue mich über deinen Trost, der dich erfüllte, als man ihm den Namen Jesus gab. Um dieses Schmerzes und dieser Freude willen erbitte mir vom Herrn die Gnade, die Sünde zu meiden, die Tugenden nach Kräften zu üben und einst, den Namen Jesus sprechend, geduldig und ergeben zu sterben.

- Vater unser ...
- Gegrüßet seist du, Maria ...
- Ehre sei dem Vater ...

4. Du großer Anwalt beim göttlichen Herzen Jesu, glorwürdiger heiliger Josef, dem die Geheimnisse der Erlösung geoffenbart wurden! Ich betrachte, wie die Prophezeiung Simeons dir furchtbaren Schmerz verursachte, da sie dir offenbarte, was Jesus und Maria würden leiden müssen. Auch erwäge ich deine Freude, da du erkanntest, dass aus diesen Leiden das Heil einer sehr großen Zahl Seelen, die zum Leben auferstehen sollten, folgen würden. Bitte Gott um dieses Schmerzes und dieser Freude willen, dass ich zu jenen gehören darf, die um der Verdienste Jesu und der Vermittlung Marienswillen zur ewigen Herrlichkeit auferstehen.

- Vater unser ...
- Gegrüßet seist du, Maria ...
- Ehre sei dem Vater ...

5. Treuer Beschützer des menschgewordenen Sohnes Gottes, glorwürdiger heiliger Josef! Wie viel musstest du erleiden und dulden, besonders auf der Flucht nach Ägypten, um dem Sohne Gottes dienen und ihm den nötigen Unterhalt verschaffen zu können! Wie groß muss aber auch deine Freude gewesen sein, immer mit dem Sohne deines Gottes leben zu dürfen und zu sehen, wie bei seiner Ankunft in Ägypten die Götzenbilder niederfielen! Durch deine Fürbitte erwirke mir das Geschenk, vor Versuchungen und dämonischen Anfechtungen befreit zu sein, die Gelegenheit zur Sünde zu meiden, die Götzenbilder in meinem Herzen, nämlich die irdischen Neigungen, zu zerstören und voll dem Dienst Jesu und Mariens geweiht, nur für sie zu leben und in ihren Armen still und getröstet zu sterben.

- Vater unser ...
- Gegrüßet seist du, Maria ...
- Ehre sei dem Vater ...

6. Du Engel auf Erden, glorwürdiger heiliger Josef, der du zu deinem Erstaunen sahst, wie der König des Himmels deine Befehlen gehorchte! Ich betrachte, wie die Freude, die du empfandest, als du Jesus aus Ägypten zurückführen durftest, getrübt wurde durch die Furcht vor Archelaus, der nun an Stelle seines Vaters Herodes in Judäa regierte. Auch erwäge ich, wie du, durch den Engel aufgefordert, nach Galiläa in die Stadt Nazaret zurückkehrtest und dort in der Gesellschaft Jesu und dieser Freude willen, hilf mir, ohne Angst und Furcht, die mir nur

schaden könnten, mit ruhigem Gewissen mit Jesus und Maria vereinigt zu leben und in der Stunde des Todes meine Seele in ihre Hände zu übergeben.

- Vater unser ...
- Gegrüßet seist du, Maria ...
- Ehre sei dem Vater ...

7. Du Vorbild der Heiligkeit, glorwürdiger heiliger Josef! Du suchtest mit größtem Schmerz das Kind Jesus, das du ohne deine Schuld verloren hattest, drei Tage lang. Als du aber den Jesusknaben mitten unter den Schriftgelehrten endlich wieder erblicktest, empfandest du die größte Freude deines Lebens. Um dieses Schmerzes und dieser großen Freude willen bitte Gott, nicht zuzulassen, dass ich Jesus jemals verliere. Erwirke allen, die Jesus durch schwere Sünde verloren haben, dass sie ihn mit Schmerzen suchen, bis er ihnen von neuem gnädig sein wird, besonders in der Stunde des Todes. Großer Schutzpatron, stehe mir stets bei. Erflehe mir die Gnade, jenen Stand der Tugend und Heiligkeit zu erlangen, den Gott für mich vorgesehen hat, und führe mich nach einem seligen Ende mit Jesus und Maria in die ewige Glückseligkeit, damit ich dort mit allen Engeln und Heiligen ewig die unendliche Barmherzigkeit Gottes preisen darf. Amen.

- Vater unser ...
- Gegrüßet seist du, Maria ...
- Ehre sei dem Vater ...

Betrachtung für den ersten Mittwoch: Die Reise nach Betlehem, wo Jesus geboren wurde

> *„So zog auch Josef von der Stadt Nazaret in Galiläa hinauf nach Judäa in die Stadt Davids, die Betlehm heißt …“* (Lk 32,4).

Wie erbaulich und herzergreifend mag wohl die Unterhaltung Josefs und Mariens auf dieser Reise gewesen sein, wenn sie von der Barmherzigkeit Gottes sprachen, der seinen eingeborenen Sohn in die Welt schicken werde, um alle Menschen selig zu machen. Groß aber war der Schmerz des heiligen Josef, als man ihn und Maria in jener Nacht, in der das ewig Wort geboren wurde, nirgends in Betlehem aufnehmen wollte, so dass er gezwungen war, in einem Stall ein Unterkommen zu suchen.

Wer kann die Liebe und Freude des heiligen Josef begreifen, als er mit eigenen Augen den Sohn Gottes, der ein kleines Kind geworden war, nach dessen Geburt erblickte, als er zugleich die Engel hörte, die ihren neugeborenen Herrn umgaben und Loblieder sangen; als er die Höhle hell erleuchtet sah! Da fiel Josef, weinend vor Freude, auf die Knie. Seine Freude wurde noch vermehrt, als er in der gleichen Nacht die Hirten kommen sah, die der Engel zur Anbetung ihres neugeborenen Heilands gerufen hatte, und als später die heiligen Könige aus entfernten Ländern ankamen, um den König des Himmels zu verehren.

Gebet: Heiliger Josef, ich bitte dich um Christi, um Mariens und um deiner Leiden und Freuden im Stall zu Betlehem willen, erfleh mir vom Herrn die Gnade, hier auf Erden eine große Liebe zum göttlichen Kind zu erlangen.

Heilige Maria, Mutter Gottes und meine Mutter, empfiehlt mich deinem Sohn und erwirke mir Verzeihung aller Beleidigungen, die ich ihm jemals zugefügt habe. Erlange mir die Gnade, ihn nie wieder zu beleidigen.

Geliebter Jesus, verzeihe mir aus Liebe zu Maria und Josef und gibt mir die Gnade, dich einst im Himmel zu schauen. Ich will unaufhörlich deine Güte preisen, die dich bewogen hat, für mich ein kleines Kind zu werden. Ich liebe dich, unendliche Güte. Ich liebe dich, mein Jesus, mein Gott, meine Liebe, mein Alles.

Betrachtung für den zweiten Mittwoch: Die Reise nach Ägypten

> *„Als die Sterndeuter wieder gegangen waren, erschien dem Josef im Traum ein Engel des Herrn und sagte: Steh auf, nimm das Kind und seine Mutter, und flieh nach Ägypten ...“* (Mt 2,13).

Nachdem die Heiligen Drei Könige dem Herodes angezeigt hatten, dass der König der Juden schon geboren sei, befahl dieser grausame Fürst, dass man alle Kinder, die man in Betlehem finden würde, ermorden sollte. Aber Gott wollte damals noch seinen Sohn verschonen, und deshalb befahl er einem Engel, dem heiligen Josef anzuzeigen, dass er schnell mit der Mutter und dem Kindlein nach Ägypten fliehen solle.

Bewundern wir den schnellen Gehorsam des heiligen Josef, der, obgleich der Engel ihm nicht genau die Zeit der Abreise vorgeschrieben hatte, dennoch, ohne lange darüber nachzudenken, wann und auf welche Weise er die Reise am besten unternehmen könne, ohne zu wissen, welchen Ort in Ägypten er zu seinem Aufenthalt wählen solle, sogleich zur Abreise bereit war. Er teilte Maria den erhaltenen Befehl mit. Noch in der gleichen Nacht begab er sich mit der seligsten Jungfrau und dem göttlichen Kind auf die beschwerliche Reise. Obgleich der heilige Josef ganz ergeben in den Willen des ewigen Vaters war, der wollte, dass sein göttlicher Sohn schon als kleines Kind zu leiden anfange, um die Sünden der Menschen abzubüßen, so musste sein liebendes Herz dennoch die größten Schmerzen ausstehen, wenn er seinen Heiland vor Kälte und Schmerz zittern und weinen sah.

Betrachten wir ferner, was Josef während des siebenjährigen Aufenthaltes in Ägypten zu leiden hatte! Da lebte er unter Heiden, unter einem fremden Volk, unbekannt und ohne Freunde und Verwandte, die ihm hätten beistehen können.

Als die Zeit zur Rückkehr aus Ägypten gekommen war, befahl der Engel wiederum dem heiligen Josef, er solle mit dem Kind und seiner Mutter nach Israel zurückkehren. Der heilige Bonaventura bemerkt, dass Josef und Maria auf dieser zweiten Reise noch mehr als auf der ersten zu leiden hatten; denn da Jesus damals ungefähr sieben Jahre alt war, so war er schon zu groß, als dass man ihn auf den Armen hätte tragen können und dennoch zu schwach, um eine so lange Reise zu Fuß zu machen, so dass dieses liebenswürdige Kind häufig vor Müdigkeit niedersank.

Gebet: Heiliger Josef, mein getreuer Fürsprecher, der du immer dem Willen des Herrn entsprachst, erlange mir von Jesus, deinem Pflegsohn, die Gnade, alle seine Gebote auf das Vollkommenste zu erfüllen. Erhalte mir auf meiner Reise in die Ewigkeit das Geschenk, immer in der Gesellschaft Jesu und Mariens zu bleiben.

Heilige Jungfrau und Gottesmutter Maria, um deiner auf der Flucht und in Ägypten ausgestandenen Leiden willen erbitte mir die Kraft, alle Beschwerden und Unannehmlichkeiten des Lebens mit Geduld und Ergebung zu ertragen.

Gütigster Jesus, erbarme dich meiner. Schon als kleines Kind wolltest du so viel erdulden. Hilf mir, alles Kreuz und Leid, das du mir zuschickst, ohne Murren anzunehmen. Stärke mich stets mit deiner Gnade, damit ich dir immer treu bleibe.

Ich liebe dich, mein Jesus, mein Schatz, mein Alles! Ich will dich immer lieben. Um dir zu gefallen, will ich alles leiden, was du über mich verhängst!

Betrachtung für den dritten Mittwoch: Der Verlust im Tempel

> *„Der junge Jesus aber blieb in Jerusalem, ohne dass seine Eltern es merkten“* (Lk 2,43).

Betrachten wir, welchen Schmerz Josef und Maria ausstehen mussten, als sie nach ihrer Abreise von Jerusalem Jesus nicht mehr fanden! Der heilige Josef war an den Anblick und den Umgang des Jesusknaben gewöhnt. Wie groß musste deshalb sein Schmerz sein, als er drei Tage lang dessen beraubt blieb, ungewiss, ob er ihn jemals wieder finden würde. Er wusste nicht, warum er von Jesus getrennt war. Das war sein größter Schmerz; denn weil er sehr demütig war, fürchtete er, einen Fehler begangen zu haben, so dass Jesus nicht mehr in seinem Hause leben wolle.

Für eine Seele, die nur Gott liebt, gibt es keinen größeren Schmerz als die Furcht, ihm missfallen zu haben. Josef und Maria brachten diese drei Tage schlaflos zu. Sie weinten und wurden nicht müde, ihren Geliebten zu suchen, wie Maria es Jesus nach dessen Wiederauffindung im Tempel mit den Worten: „Mein Sohn, warum hast du uns das getan? Siehe, dein Vater und ich haben dich mit Schmerzen gesucht!" andeutete.

Betrachten wir aber auch die Freude, die der heilige Josef empfand, nachdem er Jesus wieder gefunden und erfahren hatte, dass die Ursache, warum Jesus sich von ihm getrennt hatte, nicht ein von ihm begangener Fehler, sondern allein sein Wunsch, die Ehre des ewigen Vaters zu fördern, gewesen war.

Gebet: Heiliger Josef, du weintest, weil du Jesus verloren hattest. Seine Liebe aber hattest du niemals verloren. Lass alle, die um der Geschöpfe und der eigenen Leidenschaft willen Jesus verlassen und verloren und seine heilige Gnade verachtet haben, Tränen der Reue vergießen und ihren Heiland und Erlöser durch ein aufrichtiges Bekenntnis im heiligen Buß-Sakrament wieder finden. Erwirke mir die Gnade, meinen Jesus nie durch eine schwere Sünde zu verlieren.

Geliebte Mutter Maria, du wirst die Zuflucht der Sünder genannt. Verlass keinen, der zu dir in seiner Not ruft. Zeige jedem Verirrten, wie er zu deinem Sohn zurückfinden kann. Reinste Jungfrau und Königin, bitte Jesus, dass er mir alle Sünden meines Lebens verzeihe und mir die Gnade der Beharrlichkeit bis ans Ende verleihe.

Jesus, Freund und Lehrmeister meiner Seele, schenke mir immer mehr die Gaben und Früchte des Heiligen Geistes, damit ich deine Worte und Eingebungen immer besser verstehen kann. Ich liebe dich und weil ich dich liebe, so schätze ich deine Liebe und Gnade höher als alle Reiche der Welt.

Betrachtung für den vierten Mittwoch: Wie der heilige Josef Jesus und Maria liebte

> *„Dann kehrte er mit ihnen nach Nazaret zurück ...“* (Lk 2,51).

Betrachten wir, wie groß die Liebe des heiligen Josef zu Maria, seiner reinsten Braut, war! Sie war die schönste unter allen Frauen. Sie war vollkommener als alle Engel und Menschen. Deshalb verdiente sie, dass der heilige Josef, der die Tugend so hoch zu schätzen wusste, sie aufs Innigste liebte. Aber seine Liebe musste noch zunehmen, wenn er sah, wie sehr Maria ihn liebte. Er betrachtete sie stets als die geliebte Braut seines Gottes. Betrachten wir ferner die große Liebe, die Josef zu seinem Heiland hatte. Nachdem der himmlische Vater diesen Heiligen zum Nährvater Jesu Christi bestimmt hatte, so musste er ihm auch die Liebe eines Vaters, des Vaters eines so liebenswürdigen Sohnes, der zugleich Gott war, einflößen. Durch göttliche Offenbarung wusste der heilige Josef, dass der Knabe, der ihn stets begleitete, das göttliche Wort war, das aus Liebe zu den Menschen und hauptsächlich aus Liebe zu ihm und Maria Mensch geworden war.

Welche Liebe musste sich im Herzen des heiligen Josef entzünden, wenn er dieses herrlichste Kind in seinen Armen trug, wenn er es liebkoste, wenn Jesus seine Liebe erwiderte, wenn er Worte ewigen Lebens, lauter

Liebe, aus dem Munde Jesu vernahm. Wie sehr musste seine Liebe wachsen, wenn er auf den göttlichen Knaben blickte, der ihm in allen Tugenden das heiligste Beispiel gab!

Gebet: Heiliger Josef, ich freue mich über das große Glück, das dir beschieden war in der Gesellschaft Jesu und Mariens. Da deine Liebe nicht nur eine natürliche war wie bei anderen Vätern, sondern eine übernatürliche, weil du in der Person Jesu deinen und meinen Gott erkanntest, bitte ich dich, mir in reichem Maße von dieser Liebe zum Herrn zukommen zu lassen.

Maria, du Mutter der schönen und reinen Liebe, schenke mir immerfort einen Strahl deiner Liebe. Lass die ganze Welt erfreut werden durch die Liebesflammen deines unbefleckten Herzens.

Jesus, du Gott der Liebe und Erbarmung, sende den Heiligen Geist, den Geist der Liebe und des Trostes in die sündige Welt, damit alle erkennen, wie sehr der Vater, du und der Geist die unsterblichen Seelen lieben. Jesus, gib mir deine starke und unbeirrbare Liebe. Vermehre in mir das Vertrauen und die Liebe zu Maria, deiner geliebten Mutter, und zu Josef, deinem getreuen Pflegevater.

Betrachtungen für den fünften Mittwoch: Wie der heilige Josef in der Gesellschaft Jesu und Mariens zu Nazaret lebte

„… und war ihnen gehorsam“ (Lk 2,51).

Josef wusste, dass Jesus ihn unter allen Menschen zu seinem Pflegevater erwählt hatte. Betrachten wir, wie

Jesus dem heiligen Josef wie ein Lehrling in der Werkstatt half!

Bedenken wir, wie Jesus die Werkstatt öffnete und schloss, mit Josef Holz sägte, mit Hobel und Axt arbeitete, die Hobelspäne sammelte, das Haus auskehrte, kurz zusammengefasst, jede Arbeit tat, die sein Pflegevater und Ernährer befaheiligen Christus gehorchte dem heiligen Josef bis zu dessen Tode.

Welch heiligen Lebenswandel führte der heilige Josef in der Nähe Jesu und Mariens! Nebst harter Arbeit, eifrigem Gebet und steter Tugendübung betrachteten Josef und Maria, die die Heilige Schrift genau kannten, mit wehem Herzen, dass ihr geliebter Jesus nach den Schriften des Isaias jener Mann der Schmerzen und der Verachtung war, so entstellt durch seine Feinde, dass man seine frühere Schönheit nicht mehr werde erkennen können.

Schmerzerfüllt erwogen sie, wie die Geißelstreiche ihn zerschlagen und zerreißen würden, und dass er einem mit Wunden bedeckten Aussätzigen gleich werde; dass ihr geliebter Jesus dies alles geduldig leiden werde, ohne nur den Mund aufzutun, um sich über so große Misshandlungen zu beklagen; dass er sich wie ein Lamm zur Schlachtbank werde führen lassen, dass er endlich an einem mit dem Fluch beladenen Holz zwischen zwei Mördern vor Schmerz den Geist aufgeben werde.

Gebet: Heiliger Josef, um der Tränen willen, die du, das künftige Leiden Jesu betrachtend, weintest, erlange mir die Gnade der Betrachtung über das bittere Leiden und Sterben Jesu.

Schmerzhafte Mutter Maria, um der Liebesflammen willen, die sich in deinem Herzen bei der Betrachtung des künftigen Todes Jesu entzündeten, bewirke, dass ein Funke davon mein sündiges Herz reinige und erleuchte.

Mein Heiland, durch deine Verdienste hoffe ich, selig zu werden. Gib, dass ich deine große Liebe nie vergesse. Ich liebe dich von ganzem Herzen, o mein Jesus, denn dein heiliger Tod ist meine Hoffnung. Ich begehre, dich vollkommen zu lieben und dir zu gefallen.

Betrachtung für den sechsten Mittwoch: Der Tod des heiligen Josef

> *„Kostbar ist in den Augen des Herrn das Sterben seiner Frommen“* (Ps 116,15).

Betrachten wir, wie der heilige Josef, nachdem er Jesus und Maria so treu gedient hatte, im Haus zu Nazaret auf dem Sterbebett lag! Engel umgaben ihn, der König der Engel, Jesus Christus, saß auf der einen, Maria auf der anderen Seite seines ärmlichen Lagers, und in dieser heiligen Gesellschaft verließ er voll des himmlischen Friedens diese Welt. Sanft und kostbar war sein Tod in Gegenwart Mariens, in Gegenwart eines solchen Sohnes, der zugleich sein Erlöser war.

Weil Josef immer heilig gelebt hatte, so war sein Tod sanft, ruhig und ohne Angst. Nicht so stirbt jener, der Gott früher beleidigt, der in schwerer Sünde gelebt hat. Jedoch wird ein solcher Mensch großen Trost empfinden, wenn der heilige Josef ihm beisteht und ihn gegen die Anfechtung des Teufels verteidigt, die ohne Zweifel dem gehorchen, dem ein Gott untertänig war. Selig ist der, dem in solchen entscheidenden Augenblicken dieser große Heilige, der Patron der Sterbenden, der Schrecken der bösen Geister beisteht. Weil der heilige Josef das Jesuskind vor dem Tod durch Herodes errettete und weil er in den Armen Jesu und Mariens starb, erlangte er das Recht, unser besonderer Sterbepatron zu sein und seine treuen Diener gegen die Gefahren des ewigen Todes zu schützen.

Gebet: Heiliger Josef, da du nicht nur der Freund, sondern sogar der Nährvater und Beschützer dessen warst, der mich einst richten wird, wird mich Jesus um deiner Fürsprache willen nicht verstoßen. Ich will mich bemühen, dich täglich anzurufen und dich jeden Tag, der mir noch bis zu meinem Tod verbleibt, durch eine besondere Andachtsübung zu verehren und folgendes Gebet zu verrichten:

Heiliger Josef, du Nährvater unseres Herrn Jesus Christus und wahrer Bräutigam der seligsten Jungfrau Maria, bitte für uns und für die Sterbenden dieses Tages. Ich erwähle dich zu meinem ständigen Fürsprecher und Beschützer. Dies bitte ich dich um deiner Liebe zu Jesus und Maria willen. Um des Beistandes willen, den Christus und dessen Mutter dir in den letzten Augenblicken deines Lebens leisteten, stehe mir im Sterben bei und geleite mich mit Jesus und Maria in den Himmel.

Meine Mutter Maria, verlass mich nie, besonders im Augenblick des Gerichtes.

Mein Heiland und Richter, vergib mir alle Sünden und Fehler meines Lebens. Lass mich einst aus Liebe zu dir sterben. Ich liebe dich, mein Heiland und Seligmacher. Ich begehre, in den Himmel zu kommen, um dich aus allen Kräften die ganze Ewigkeit zu lieben.

Betrachtung für den siebten Mittwoch: Die Herrlichkeit des heiligen Josef im Himmel

> *„Du bist im Kleinen ein treuer Verwalter gewesen, ich will dir eine große Aufgabe übertragen. Komm, nimm teil an der Freude deines Herrn“* (Mt 25,23).

Je heiliger jemand hier auf Erden gelebt hat, desto größer ist die Herrlichkeit, die Gott ihm im Himmel bereitet. Es genügt, um sich von der Herrlichkeit Josefs einen Begriff zu machen, wenn man jene Worte des Evangeliums betrachtet: Josef, ihr Mann, der gerecht war … (Mt 1,19).

Ein gerechter Mann heißt soviel wie ein Mann, der alle Tugenden besitzt. Wenn nun also der heilige Geist Josef schon damals gerecht nannte, als er zum Bräutigam Mariens erwählt war, wie sehr musste da nicht seine Liebe zu Gott, wie sehr mussten seine Tugenden zugenommen haben durch den unausgesetzten Umgang mit Maria, die ihm ein so vollkommenes Beispiel der Tugendübungen gab!

Aber noch mehr nahm Josef an Tugenden und Verdiensten zu durch den jahrelangen Umgang mit Jesus. Wir können nicht zweifeln, dass das Leben des heiligen Josef, der immer Jesus und Maria vor Augen hatte, ein fortwährendes Gebet war, in dem er häufig Akte des Glaubens, der Hoffnung, der Liebe, der Ergebung und der Hingabe in den göttlichen Willen erweckte. Wenn der Lohn nach den Verdiensten, die man hier auf Erden erwirbt, bestimmt wird, wie groß muss da die Herrlichkeit des heiligen Josef im Himmel sein!

Gebet: Heiliger Josef, du thronst nun hoch oben im Himmel in deiner Herrlichkeit, in der Nähe deines geliebten Jesus, der dir einst auf Erden gehorchte. Habe Erbarmen mit mir, da ich noch im Tal der Tränen weile, umgeben von Gefahren und Versuchungen. Erlange mir die Gnade, immer inniger mit Jesus und Maria vereint zu sein. Hilf mir, standhaft zu bleiben in den Stürmen des Lebens. Erbitte mir einen seligen Tod.

Maria, Mutter von der heiligen Hilfe, steh mir bei im Leben und einst in der Stunde des Heimgangs.

Jesus, wann werde ich dazu gelangen, dich im Himmel zu besitzen, dich dort von Angesicht zu Angesicht zu sehen, dich mit Maria und Josef und dem ganzen himmlischen Hof zu lieben, zu loben, anzubeten und zu verherrlichen?

Jesus, Maria, Josef, euch schenke ich mein Herz und meine Seele.
Jesus, Maria, Josef, steht mir bei im letzten Streit.
Jesus, Maria, Josef, lasst meine Seele mit euch im Frieden scheiden. Amen.

Die Sankt-Josef-Woche

Sonntag

Als Maria, die Mutter Jesu, mit Josef verlobt war, zeigte es sich, ehe sie zusammenkamen, dass sie empfangen hatte vom Heiligen Geist. Josef, ihr Mann, der gerecht war und sie nicht in üblen Ruf bringen wollte, gedachte, sie heimlich zu entlassen. (Er wollte ihr den gesetzlichen Scheidebrief geben, ohne den Grund der Entlassung darin zu nennen.) Als er dies noch überlegte, siehe, da erschien ihm ein Engel des Herrn im Traum und sprach: „Josef, Sohn Davids, fürchte dich nicht, Maria, deine Frau, zu dir zu nehmen; denn was in ihr gezeugt worden, ist vom Heiligen Geist. Sie wird einen Sohn gebären, und du sollst ihm den Namen Jesus geben; denn er wird sein Volk erlösen von seinen Sünden."

Glorreicher heiliger Josef! Reinster Bräutigam der seligsten Jungfrau Maria! Groß war dein Kummer und deine Sorge, als du glaubtest, du müsstest deine Unberührte entlassen. Unbeschreiblich war dann deine Freude, als der Engel dir das hohe Geheimnis der Menschwerdung des Gottessohnes offenbarte.

Um dieser Besorgnis und dieser Freude willen bitten wir dich, schenke unserer Seele jetzt und alle Tage die Gnade eines guten, christlichen Lebens.

- Vater unser ...
- Gegrüßet seist du, Maria ...
- Ehre sei dem Vater ...

Heiliger Josef,
du erhabener Spross Davids,
du Leuchte unter den Patriarchen,
du Bräutigam der Mutter Gottes,
du keuscher Beschützer der Jungfrau,
hilf uns in all unseren Nöten.

Ruhmreicher heiliger Josef, wir bitten dich: Erflehe allen, die den Sonntag heilig halten, reichsten Segen von unserem Herrn Jesus Christus. Lass auch alle, die ihn entweihen, solange sie auf Erden sind, erkennen, welch

Unrecht sie begehen, welche Strafe sie sich zuziehen in diesem Leben und in der Ewigkeit, und gib, dass sie sich bekehren. Getreuer heiliger Josef, du hast alle Tage deiner Lebens gewissenhaft das Gesetz des Herrn erfüllt. Lass bald den Tag kommen, wo das ganze christliche Volk am Sonntag sich jeder verbotenen Arbeit enthält, ernstlich an das Heil seiner Seele denkt und Gott verherrlicht. Dies bitten wir dich durch die heiligen Namen Jesu und Mariens.

Liebreicher heiliger Josef, lass uns und alle, die kommunizieren, stets würdig zum Tisch des Herrn hintreten und wie Maria zum lebendigen Tabernakel werden. Amen.

Montag

In jener Zeit erging ein Befehl vom Kaiser Augustus, dass alles Volk im ganzen Reich aufgezeichnet werde. Dies war die erste Aufzeichnung; sie wurde durch Cyrinus, den Statthalter von Syrien, vollzogen. Und alle gingen hin, um ihre Namen anzugeben, jeder in seine Stadt. So ging auch Josef von Galiläa aus der Stadt Nazaret nach Judäa hinauf in die Stadt Davids, die Betlehem heißt – denn er war aus dem Haus und Geschlecht Davids – , um sich mit Maria, seiner angetrauten Frau, die gesegneten Leibes war, aufschreiben zu lassen.

Als sie dort ankamen, erfüllte sich die Zeit, dass sie niederkommen sollte. Und sie gebar ihren erstgeborenen Sohn, hüllte ihn in Windeln und legte ihn in eine Krippe; denn es war für sie kein Platz in der Herberge.

Es waren Hirten in derselben Gegend, die Nachtwache hielten bei ihrer Herde. Und siehe, da stand ein Engel des Herrn vor ihnen, und der Lichtglanz Gottes umstrahlt sie, und sie fürchteten sich sehr. Der Engel aber sprach zu ihnen: „Fürchtet euch nicht! Denn seht, ich verkünde euch eine große Freude, die allem Volk widerfahren wird: Heute wurde euch in der Stadt Davids der Heiland geboren, der da ist Christus, der Herr. Und dies soll euch zum Zeichen sein: Ihr werdet ein Kindlein finden, in Windeln eingehüllt und in einer Krippe liegend. Und sogleich war bei dem Engel eine große himmlische Heerschar, die Gott lobte und sang: Ehre sei Gott in der Höhe und auf Erden Friede den Menschen, die seine Huld erfahren!

Und sie gingen eilends und fanden Maria und Josef und das Kind, das in der Krippe lag. Sie sahen, dass es so war, wie ihnen gesagt worden war. Alle, die davon hörten, wunderten sich. Maria aber bewahrte alle diese Worte in ihrem Herzen.

Glorreicher heiliger Josef! Du glücklicher Patriarch! Du wurdest auserwählt zum Nährvater des menschgewordenen Wortes. Deine Traurigkeit über die Armut, in der das Kind Jesus geboren wurde, verwandelte sich in himmlische Freude, da du den Hochgesang der Engel hörtest und die Herrlichkeit jener Nacht schautest.

Um dieser Traurigkeit und dieser Freude willen erwirke auch uns, wir bitten dich demütig, die Gnade, nach unserer irdischen Pilgerschaft den Lobgesang der Engel zu hören und die Herrlichkeit und Glorie des Himmels schauen zu dürfen.

- Vater unser …
- Gegrüßet seist du, Maria …
- Ehre sei dem Vater …

Heiliger Josef,
du Nährvater des Sohnes Gottes,
du sorgsamer Beschützer Christi,
du Haupt der Heiligen Familie,
hilf uns in all unseren Nöten.
Erwirke den Sterbenden, die noch nicht getauft sind,
das heilige Sakrament der Wiedergeburt. Amen.

Dienstag

In jener Zeit, als die Frist der acht Tage vorüber war, nach der man das Kind beschneiden musste, gab man ihm den Namen Jesus. So war er schon vom Engel genannt worden, ehe er im Mutterschoß empfangen war.

Glorreicher heiliger Josef! Bereitwillig beugtest du dich dem Gesetz des Herrn. Das kostbare Blut, das unser Erlöser als Kind bei seiner Beschneidung vergoss, stimmte dich traurig; doch der Name Jesus tröstete dich wieder und erfüllte dich mit Freude.

Um dieser Betrübnis und dieser Freude willen erwirke auch uns die Gnade, im Leben von jeder Sünde rein zu bleiben und dereinst mit dem heiligsten Namen Jesus im Herzen und auf den Lippen ruhig in der Gnade Gottes zu sterben.

- Vater unser …
- Gegrüßet seist du, Maria …
- Ehre sei dem Vater …

Heiliger Josef,
ausgezeichnet durch Gerechtigkeit,
leuchtend in heiliger Reinheit,

Vorbild der Klugheit,
hilf uns in all unseren Nöten.

Reinster heiliger Josef, Vater und Beschützer der jungfräulichen Seelen! Deinem treuen Schutz war Jesus Christus, die Unschuld selbst, und Maria, die Jungfrau der Jungfrauen, anvertraut worden. Lass schuldlos uns durchs Leben gehen, in deinem Schutz uns stets gesichert stehen. Bewirke, dass wir von aller Unreinheit bewahrt, mit kindlichem Gemüte und mit reinem Herzen Jesus und Maria dienen. Amen.

Heiliger Josef, du Liebhaber der Reinheit, bekehre die Gefallenen und erwirke ihnen deine Liebe zur Reinheitstugend. Amen.

Mittwoch

Als Jesus zu Betlehem in Juda in den Tagen des Königs Herodes geboren war, kamen Weisen aus dem Morgenland nach Jerusalem und fragten: „Wo ist der neugeborene König der Juden? Wir haben seinen Stern im Morgenland gesehen und sind gekommen, ihn anzubeten. Als der König Herodes das hörte, erschrak er und ganz Jerusalem mit ihm. Er versammelte die Hohenpriester und Schriftgelehrten und erforschte von ihnen, wo der Messias geboren werden sollte. Sie antworteten ihm: „Zu Betlehem in Juda; denn so steht es beim Propheten geschrieben: Und du, Betlehem im Lande Juda, bist keineswegs die geringste unter den Fürstenstädten Judas; denn aus dir wird der Fürst hervorgehen, der König sein soll über mein Volk Israel."

Herodes sandte die Weisen nach Betlehem. Sie machten sich auf den Weg und der Stern, den sie im

Morgenland gesehen hatten, zog vor ihnen her, bis er über dem Ort stehen blieb, wo der Knabe war. Sie traten in das Haus und fanden den Knaben mit Maria, seiner Mutter, fielen nieder und beteten ihn an. Sie brachten ihm Gold, Weihrauch und Myrrhe dar. Und da sie im Traum die Weisung erhielten, nicht wieder zu Herodes zu gehen, zogen sie auf einem anderen Weg in ihr Land zurück.

In jener Zeit, als die Tage der Reinigung Marias zu Ende waren, brachten sie Jesus nach Jerusalem, um ihn dem Herrn darzustellen, wie geschrieben steht im Gesetz des Herrn: Jede männliche Erstgeburt soll dem Herrn geheiligt sein. Als Maria und Josef Jesus zur Opferung in den Tempel brachten, trat der greise und gottesfürchtige Priester Simeon herzu, nahm Jesus auf seine Arme und sprach: „Nun willst du deinen Knecht entlassen im Frieden, wie du verheißen hast; denn meine Augen haben gesehen dein Heil, das du bereitet vor dem Angesicht aller Völker."

Glorreicher heiliger Josef! Du wurdest eingeweiht in den geheimnisvollen Plan der Welterlösung. Die Weisen aus dem Morgenland kamen als Vertreter der ganzen Menschheit, um dem neugeborenen König und Messias zu huldigen. Wie freute sich dein Herz über diese liebevolle Ehrung, die Jesus erwiesen wurde. Die Weissagungen Simeons von den Leiden, die über Jesus und Maria kommen sollten, verursachten dir tiefen Kummer. Das Heil und die Auferstehung vieler, von der er gleichzeitig sprach, erfüllten dich mit Freude.

Um dieser Freuden und dieses Kummers willen erwirke uns die Gnade, auch zu denen zu gehören, die dem Herrn das Gold der Liebe, den Weihrauch des Gebetes und die Myrrhe der Abtötung darbringen und durch die Verdienste Jesus und die Fürbitte Mariens einst glorreich auferstehen dürfen.

- Vater unser ...
- Gegrüßet seist du, Maria ...
- Ehre sei dem Vater ...

Heiliger Josef,
Nährvater Christi, unseres Königs,
du würdigster Bräutigam der Königin,
du Mann voll Starkmut, hilf uns in all unseren Nöten. Opfere die Schmerzen der Kranken vereint mit Jesu und Mariens Leiden immerfort dem Vater im Himmel für das Heil der Welt auf.

Donnerstag

Ein Engel des Herrn erschien Josef im Traum und sprach: „Steh auf, nimm das Kind und seine Mutter und fliehe nach Ägypten. Bleibe dort, bis ich dir Weisung gebe. Denn Herodes wird nach dem Kinde suchen, um es zu töten." Er stand auf, nahm das Kind und seine Mutter bei Nacht und zog nach Ägypten. Und er blieb daselbst bis zum Tode des Herodes. So sollte sich erfüllen, was vom Herrn durch den Propheten gesagt worden ist: „Aus Ägypten habe ich meinen Sohn gerufen." Als Herodes sich von den Weisen hintergangen sah, wurde er sehr zornig und ließ in Betlehem und der ganzen Umgebung alle Knäblein von zwei Jahren und darunter umbringen, nach der Zeit, die er von den Weisen erforscht hatte.

Glorreicher heiliger Josef! Du treubesorgter Beschützer des menschgewordenen Gottessohnes! Wie viele Sorgen haben dich die Sicherheit und der Unterhalt für Jesus gekostet, besonders auf der Flucht nach Ägypten! Wie groß war aber auch die Freude, dass du Jesus stets bei dir hattest. Mit Staunen sahst du, wie die Götzenbilder der Ägypter bei der Ankunft Jesu niederstürzten.

Um deiner Freuden und Sorgen willen erwirke uns die Gnade, jede gefährliche Gelegenheit zu meiden und so den höllischen Feind von uns fernzuhalten. Hilf uns, alle Anhänglichkeit an das Irdische zu verbannen, nur im Dienste Jesu und Mariens zu sein und dem Allerhöchsten zu gefallen.

- Vater unser …
- Gegrüßet seist du, Maria …
- Ehre sei dem Vater …

Heiliger Josef,
du Beispiel des Gehorsams,
du Vorbild der Treue,
du Spiegel der Geduld,
du Freund der Armut,
hilf uns in all unseren Nöten.

Zur dir, o heiliger Josef, fliehen wir in unserer Not und bitten dich vertrauensvoll um deinen Schutz. Um der Liebe willen, die dich mit der unbefleckten Jungfrau und Gottesmutter verband, und um der väterlichen Zuneigung willen, die du zum Jesuskind getragen, flehen wir inständig, blicke doch gnädig auf das teure

Erbe herab, das Jesus Christus sich mit seinem Blute erworben, und eile uns in unseren Nöten mit deinem mächtigen Beistand zu Hilfe.

Nimm, o fürsorglicher Beschützer der Heiligen Familie, die auserwählten Kinder Jesu Christi unter deine Obhut. Halte fern von uns, o liebreicher Vater, jede Ansteckung des Irrtums und der Verderbnis! Steh uns, o unser starker Helfer, vom Himmel aus gnädig bei in diesem Kampfe mit den Mächten der Finsternis. Wie du ehedem das Jesuskind aus der höchsten Lebensgefahr errettet hast, so verteidige jetzt die heilige Kirche Gottes gegen die Nachstellungen ihrer Feinde und gegen jegliches Ungemach. Uns alle aber nimm jederzeit unter deinen Schutz, auf dass wir nach deinem Vorbild und mit deiner Hilfe heilig leben, fromm sterben und die ewige Seligkeit im Himmel erlangen. Amen.

Du Vater der Armen, erbarme dich der Verfolgten und Heimatlosen.

Freitag

Nach dem Tode des Herodes erschien der Engel Gottes wiederum Josef im Traum und sprach: „Steh auf, nimm das Kind und seine Mutter und ziehe in das Land Israel; denn die dem Kinde nach dem Leben strebten, sind gestorben." Da stand er auf, nahm das Kind und seine Mutter und kam in das Land Israel: Als er aber hörte, dass Archelaus an Stelle seines Vaters Herodes in Judäa herrschte, fürchtete er sich, dorthin zu ziehen. Und nachdem er im Traum eine Weisung erhalten hatte, begab er sich in die Landschaft Galiläa, in die Stadt Nazaret.

Glorreicher heiliger Josef! Du Engel auf Erden! Mit Staunen sahst du, wie der König des Himmels deinem Wink gehorchte. Als du Jesus aus Ägypten zurückführen konntest, wurde deine Freude getrübt durch die Furcht vor Archelaus. Doch der Engel beruhigte dich wieder, und glücklich und zufrieden konntest du mit Jesus und Maria in Nazaret wohnen. Um dieser Betrübnis und dieser Freude willen erwirke auch uns die Gnade, dass unser Herz frei bleibe vor jeder schädlichen Furcht, dass wir die Ruhe des Gewissens bewahren, zufrieden mit Jesus und Maria leben und in ihrer Mitte dereinst auch sterben.

- Vater unser …
- Gegrüßet seist du, Maria …
- Ehre sei dem Vater …

Heiliger Josef,
du Vorbild der Arbeiter,
du Zierde des häuslichen Lebens,
du Beschützer der Jungfrauen,
du Stütze der Familien,
hilf uns in all unseren Nöten.

Du gerechter und hochheiliger Mann, du Spross aus der königlichen Familie Davids, du größter Patriarch, du liebtest die Armut und arbeitetest in der Heimat und in der Fremde im Schweiße des Angesichtes. Deine Arbeiten waren immer von der reinsten und heiligsten Absicht begleitet und brachten dir unermessliche Verdienste für die Ewigkeit. Erbitte uns die Gnade, nach deinem Vorbild in Demut und im Geist der Buße, in

Geduld und Ergebung in den Willen Gottes alle Arbeiten unseres Standes auf uns zu nehmen, sie durch die gute Meinung zu heiligen und gewissenhaft zu vollbringen.

Heiliger Josef, erbarme dich der vielen Arbeiter, die in Unglauben, Unzufriedenheit, in Feindschaft und Hass gegen die heilige Kirche und die Mitmenschen dahinleben. Führe sie zu Jesus und Maria, damit sie ihre Arbeit zur Ehre Gottes verrichten, dich zu ihrem Vorbild nehmen und wieder Liebe und Friede in ihre Herzen einkehre. Amen.

Samstag

Als Jesus zwölf Jahre alt war, zog er mit Maria und Josef nach Jerusalem hinauf, wie es zum Osterfest Sitte war. Am Ende der Festtage kehrten sie wieder heim. Der Knabe Jesus aber blieb in Jerusalem zurück, und seine Eltern merkten es nicht. Sie glaubten, er sei bei den Reisegefährten, und suchten ihn, nachdem sie eine Tagreise weit gegangen waren, unter den Verwandten und Bekannten. Und da sie ihn nicht fanden, kehrten sie nach Jerusalem zurück und suchten ihn dort.

Nach drei Tagen fanden sie ihn im Tempel. Er saß mitten unter den Lehrern, hörte ihnen zu und fragte sie. Es staunten alle, die ihn hörten, über seine Klugheit und seine Antworten. Als die Eltern ihn sahen, verwunderten sie sich, und seine Mutter sprach zu ihm: „Kind, warum hast du uns das getan? Dein Vater und ich suchten dich mit Schmerzen.“ Da sagte er zu ihnen: „Wusstet ihr nicht, dass ich in dem sein muss, was meines Vaters ist?“ Sie aber verstanden nicht, was er ihnen sagte. Er zog mit ihnen hinab und kam nach Nazaret und war ihnen untertan. Er nahm zu an Weisheit, Alter und Gnade bei Gott und den Menschen. Seine Mutter aber bewahrte alle diese Worte in ihrem Herzen.

Glorreicher heiliger Josef! Du Vorbild der Heiligkeit! Ohne deine Schuld verlorst du den Jesusknaben. Mit großer Sorge suchtest du ihn drei Tage lang, bis du ihn voll Freude wieder fandest im Tempel mitten unter den Schriftgelehrten.

Um dieses Kummers und dieser Freude willen bitten wir dich von ganzem Herzen, nimm uns unter deinen Schutz, damit wir nie durch eine schwere Sünde Jesus verlieren. Und sollte dieses große Unglück einmal geschehen, dann hilf, dass wir ihn ohne Rast und Ruhe suchen, bis wir ihn glücklich wiederfinden durch die sakramentale Lossprechung im Buß-Sakrament. Dir empfehlen wir in besonderer Weise die Stunde unseres Todes, damit wir dann in die himmlischen Freuden eingehen und dort in Ewigkeit mit dir die Erbarmungen Gottes preisen dürfen.

- Vater unser …
- Gegrüßet seist du, Maria …
- Ehre sei dem Vater …

Heiliger Josef,
du Trost der Bedrängten,
du Hoffnung der Kranken,
du Patron der Sterbenden,
du Schrecken der bösen Geister,
du Schutzherr der heilige Kirche,
hilf uns in all unseren Nöten.

Ruhmreicher heiliger Josef! Du Haupt der Heiligen Familie! Dich hat der Stellvertreter Christi auf Erden zum himmlischen Patron und Beschützer der von Jesus gestifteten Kirche auserwählt.

Mit großem Vertrauen flehen wir um deine mächtige Hilfe für die ganze streitende Kirche. Beschütze in deiner väterlichen Liebe auf besondere Weise unseren Heiligen Vater, den Papst und alle Bischöfe und Priester, die mit dem heiligen Stuhl Petri vereinigt sind. Sei der Verteidiger all jener, die inmitten aller Bedrängnisse und Trübsale dieses Lebens am Heil der Seelen arbeiten, und führe alle Völker der Erde zur heiligen, katholischen und apostolischen Kirche.

Heiliger Josef, würdige dich, die Weihe anzunehmen, mit der wir uns selbst dir übergeben. Wir weihen uns dir ganz, damit du beständig unser Vater, Beschützer und Führer auf dem Weg des Heiles sein mögest. Erlange uns große Reinheit des Herzens und eifrige Liebe zum inneren Leben. Bewirke, dass wir nach deinem Beispiel in Vereinigung mit den Herzen Jesu und Mariens und mit dir all unsere Handlungen zur größeren Ehre und Verherrlichung Gottes tun. Bitt für uns, dass wir teilhaftig werden am Frieden und an der Freude, die du bei deinem heiligen Tode in Gegenwart Jesu und Mariens verkostet hast.

Heiliger Josef, opfere dem ewigen Vater mit und durch Maria Jesu Leiden und Sterben und sein vergossenes Blut für uns und die Sterbenden der Woche auf. Ehre und Dank sei dem Vater und dem Sohn und dem Heiligen Geist für den glorreichen heiligen Josef und seine großen Gnaden jetzt und alle Zeit und in Ewigkeit. Amen.

Der hl. Josef (Guido Reni)

Mit Sankt Joseph durch den Monat März

Der Monat März ist dem heiligen Josef geweiht

Es besteht mancherorts der gute und schöne Brauch, den Monat März dem heiligen Josef zu weihen und ihn täglich durch eine besondere Andacht zu verehren. Wo jedoch die Einführung dieses Brauches auf Schwierigkeiten stoßen sollte, wäre es sehr zu wünschen, dass vor dem Josefstag in der Hauptkirche jeder Ortschaft ein Gebets-Triduum abgehalten würde. In jenen Gegenden, wo der 19. März, Fest des heiligen Josef, kein gebotener Feiertag ist, bitten wir die Gläubigen, dieses Fest soweit möglich durch Privatandachten zu Ehren des himmlischen Schutzpatrons wie einen Feiertag zu begehen.

Gegeben zu Rom bei St. Peter, am 15. August 1889 im 12. Jahr unseres Pontifikates, Papst Leo XIII.

Wiederholt wurde die edle Mutter Katharina Vogl aus München von Jesus und Maria aufgefordert, den heiligen Josef besonders im Monat März zu verehren. Er werde ihr die wahre Demut und die Ergebung in den Willen Gottes erbitten.

Wunderbare Heilung, die Frucht einer März-Andacht

Ein junges Mädchen namens Klara N. von Forli, seit mehreren Monaten sehr leidend, befand sich infolge einer Komplikation in Todesgefahr. Sieben Ärzte hatten schon vergebens alle erdenklichen Mittel angewandt, sie zu heilen. Der Monat März brach an. Die Familie der Kranken machte vereint mit ihr die frommen Andachtsübungen des Monats des heiligen Josef. Die Eltern wollten mit der Andacht die Genesung erflehen; die Kranke wünschte sich, in den Himmel eingehen zu können.

Am 31. März zog man einen berühmten Arzt hinzu, der eben nach Forli gekommen war. Die Kranke hatte bereits die Sterbesakramente empfangen, weil ihr Zustand hoffnungslos war. Der Arzt sagte zur Leidenden: „Klara, trösten Sie sich, noch diesen Vormittag werden Sie im Paradies sein!“ Gegen neun Uhr verlangte Klara plötzlich ihre Kleider und sagte, dass soeben der heilige Josef sie geheilt hätte. Der Arzt wurde erneut gerufen und staunte, das Mädchen gesund vorzufinden.

1. März

Heiliger Kirchenlehrer Petrus Kanisius: „Welch wunderbarer Ehrentitel für den heiligen Josef ist der Stammbaum unseres Herrn Jesus Christus, der einst Jakob während des Schlafes unter dem Bild einer Himmelsleiter gezeigt und vom heiligen Evangelisten Matthäus in einer Weise dargestellt wurde, dass man durch Josef zu Christus gelangt. Ja, es scheint, als ob der Herr sich auf Josef als auf die höchste Sprosse der Leiter stützen wollte. Und stützte er sich nicht in der Tat auf ihn, da er als Pflegesohn, das heißt ohne irdischen Vater, auf die Welt kam und sich würdigte, ihn zugleich mit seiner jungfräulichen Mutter zur Stütze anzunehmen?“

Heiliger Bischof und Kirchenlehrer Franz von Sales: „Beide, Maria und Josef, hatten das Gelübde gemacht, ihr Leben lang jungfräulich zu bleiben. Und nun wollte Gott, dass sie sich durch das heilige Band der Ehe verbinden sollten, freilich nicht, um das Gelübde zu brechen oder zurückzunehmen, sondern um es durch diese Verbindung neuerdings zu bekräftigen und einander zu bestärken und zu helfen, diesem heiligen Entschluss treu zubleiben. In diesem Sinne machten sie auch noch das Gelübde, zeitlebens in ihrer Ehe jungfräulich zu bleiben."

Heiliger Kirchenlehrer Hieronymus: „Die seligste Jungfrau Maria sei darum mit dem heiligen Josef vermählt worden,

1. damit durch das Geschlecht des heiligen Josef, der von David abstammt, auch die Abstammung Marias und Christi aus dem Stamme Davids bewiesen würde; denn nach jüdischem Gesetz durfte man nicht aus seinem Geschlecht hinausheiraten, weil dem Geschlecht Juda, woraus David war, die Verheißung gegeben worden war, dass der Messias daraus geboren werde;
2. damit Maria nicht gesteinigt würde, wenn sie außerhalb der Ehe Mutter geworden wäre und damit Christus nicht als ein uneheliches Kind angesehen und deshalb verschmäht und verworfen würde;
3. damit Maria einen Trost und Beistand hätte, besonders, da sie mit Jesus nach Ägypten fliehen musste."

Heiliger Ignatius, Nachfolger Petri auf dem Bischofsstuhl zu Antiochien und Märtyrer: „Maria sei deshalb vermählt worden, damit die Geburt Christi dem Teufel verborgen bliebe, indem er meinte, Jesus sei nicht von einer Jungfrau, sondern von einer Ehefrau geboren. Josef musste sozusagen als ein Schleier das große Geheimnis der Menschwerdung vor dem Teufel und den boshaften Juden verhüllen."

Lesung aus der Heiligen Schrift: In jener Zeit war der Engel Gabriel von Gott gesandt in eine Stadt in Galiläa namens Nazaret zu einer Jungfrau. Sie war verlobt mit einem Mann namens Josef aus dem Hause Davids. Der Name der Jungfrau war Maria. Der Engel trat bei ihr ein und sagte: „Gegrüßet seist du, Gnadenvolle. Der Herr ist mit dir." Sie war bestürzt wegen des Wortes und dachte nach, was dieser Gruß bedeuten solle. Da sagte der Engel zu ihr: „Fürchte dich nicht, Maria; denn du hast bei Gott Gnade gefunden. Siehe, du wirst empfangen und einen Sohn gebären. Dem sollst du den Namen Jesus geben. Er wird groß sein und der Sohn des Allerhöchsten genannt werden. Gott der Herr wird ihm den Thron seinen Vaters David geben. Er wird über das Haus Jakobs herrschen in Ewigkeit, und seines Reiches wird kein Ende sein." Da sagte Maria zu dem Engel: „Wie wird das geschehen, da ich keinen Mann erkenne?" Der Engel antwortete ihr: „Der Heilige Geist wird über dich kommen und die Kraft des Allerhöchsten wird dich überschatten. Darum wird auch das Heilige, das aus dir geboren wird, Sohn Gottes genannt werden."

Gebet: Heiliger Josef, reinster Bräutigam der allerseligsten Jungfrau Maria, mein liebevoller Beschützer! Denke daran, man hat noch nie gehört, dass einer, der deinen Beistand anrief, der zu dir um Hilfe flehte, ohne

Trost geblieben ist. Mit diesem Vertrauen komme ich zu dir und empfehle mich mit Inbrunst dir an. Verschmähe meine Bitten nicht, die ich dir besonders in dem dir geweihten Monat vortrage. Dir empfehle ich die Jugend und die christlichen Brautleute. Stehe ihnen bei, dass sie in Reinheit und Frömmigkeit Gott dienen und Maria, deine allerliebste Braut, als ihre Mutter kindlich verehren und zu dir rufen in allen Versuchungen und Nöten. Amen.

Novenengebet vom 1. – 9. März

1. Reinster Bräutigam der seligsten Jungfrau Maria, glorreicher heiliger Josef! Gleich groß, wie der Kummer und die Angst deines Herzens waren, als du glaubtest, deine unbefleckte Braut verlassen zu müssen, so unbeschreiblich war auch deine Freude, als dir vom Engel das erhabene Geheimnis der Menschwerdung geoffenbart wurde.
   Durch diesen Schmerz und diese Freude bitte ich dich, erlange mir von Gott die Gnade …!
   - Vater unser …
   - Gegrüßet seist du, Maria …
   - Ehre sei dem Vater …

2. Glückseliger Patriarch, glorreicher heiliger Josef! Auserwählt zum Nährvater des Mensch gewordenen Wortes! Der Schmerz, den du empfandest, als du das Kindlein Jesus in so großer Armut geboren sahest, verwandelte sich augenblicklich in himmlischen Jubel, da du die Lobgesänge der Engel vernahmst und die Glorie jener von Licht strahlenden Nacht sahest. Durch diesen Schmerz und diese Freude bitte ich

dich, erlange mir die Gnade eines heiligen Lebens, damit ich würdig werde, einst ewig die Lobgesänge der Engel zu hören.

- Vater unser ...
- Gegrüßet seist du, Maria ...
- Ehre sei dem Vater ...

3. Gehorsamer Befolger des göttlichen Gesetzes, glorreicher heiliger Josef! Dein Leid über die schmerzhafte Beschneidung Jesu wurde versüßt durch den heiligsten Namen, der ihm gegeben wurde.
Durch diesen Schmerz und diese Freude erlange mir die Gnade, Jesus immer ähnlicher zu werden.
   - Vater unser ...
   - Gegrüßet seist du, Maria ...
   - Ehre sei dem Vater ...

4. Treuer heiliger Josef! Durch die Weissagungen Simeons über die künftigen Leiden Jesu und Mariens betrübt, warst du doch getröstet durch seine Worte über das dadurch erwirkte Heil vieler.
Durch diesen Schmerz und diese Freude erlange mir die Gnade, bei jenen zu sein, die durch die Verdienste Jesu und die Fürbitte Mariens einst glorreich auferstehen werden.
   - Vater unser ...
   - Gegrüßet seist du, Maria ...
   - Ehre sei dem Vater ...

5. Wachsamer Hüter und inniger Vertrauter Christi! Glorreicher heiliger Josef! Wie sehr littest du mit Jesus und Maria auf der Flucht und im fremden Land!

Groß war aber auch dein Trost, deinen Gott immer um dich zu haben.
Durch all diese Schmerzen und deine Freuden erlange mir die Gnade, den höllischen Feind besonders durch die Flucht vor gefährlichen Gelegenheiten immer von mir fernzuhalten. Erwirke, dass in meinem Herzen alle Götzenbilder irdischer Anhänglichkeit zusammenstürzen. Hilf mir, immer nur mit und für Jesus und Maria zu leben und zu wirken.

- Vater unser ...
- Gegrüßet seist du, Maria ...
- Ehre sei dem Vater ...

6. Du großer Freund der Engel, glorreicher heiliger Josef! Dein Herzenswunsch, nach dem Exil in Betlehem zu wohnen, wurde durch die Furcht vor Archelaus, dem Herodessohn, der Judäa regierte, getrübt. Doch der Engel Gottes tröstete dich und wies dich nach Nazaret, wo du mit Jesus und Maria glücklich und heilig lebtest.
Durch dieses Leid und diese Freude erlange mir die Gnade, immer ein gutes Gewissen zu haben und mit Jesus und Maria vereint, sicher und froh zu leben und gottgefällig zu wirken.

- Vater unser ...
- Gegrüßet seist du, Maria ...
- Ehre sei dem Vater ...

8. Du Vorbild aller Heiligkeit, glorreicher heiliger Josef! Nachdem du ohne deine Schuld den Knaben Jesus verloren hattest, suchtest du ihn mit Maria in großem Schmerz drei Tage lang, bis du ihn, der dein

Leben war, mit Freuden und Frohlocken im Tempel mitten unter den Lehrern wiederfandest.
Durch diesen Schmerz und diese Freude erlange mir die Gnade, Jesus immer zu besitzen und nie durch eine schwere Sünde zu verlieren. Bitte den Herrn, er möge jedem schweren Sünder die Bekehrungsgnade schenken, ihm die sakramentale Vergebung gewähren und ihn so inmitten seiner heiligen Kirche blühen und wachsen zu lassen in der Tugend und Vollkommenheit. Dir, heiliger Josef, empfehle ich alle Sterbenden dieses Monats und meine eigene Sterbestunde.

Nun bete man eine der folgenden Litaneien:

1. Litanei zum heiligen Josef

Herr, erbarme dich unser
Christus, erbarme dich unser
Herr, erbarme dich unser
Christus, höre uns
Christus, erhöre uns

Gott Vater im Himmel – *erbarme dich unser*
Gott Sohn, Erlöser der Welt
Gott Heiliger Geist
Heiliger dreifaltiger Gott

Heilige Maria – *bitte für uns*
Heilige Gottesgebärerin
Heiliger Josef, du Bräutigam der Jungfrau Maria
Du Nährvater Jesu
Du Beschützer der Jungfrau Maria

Du Mann nach dem Herzen Gottes
Du treuer und weiser Diener Gottes
Du Zierde des Hauses Davids
Du Krone der Patriarchen
Du Spiegel jungfräulicher Seelen
Du Vorbild der christlichen Eltern
Du besonderer Patron der Handwerker
Du Vater der Armen
Du Zuflucht der Betrübten
Du Schutzpatron der heiligen Kirche
Du treuer Vater deiner Pflegekinder
Du Führer der Reisenden
Du Tröster der Sterbenden

In allen Nöten und Anliegen – *hilf uns, heiliger Josef*
In Armut und Verlassenheit
In Bedrängnis und Verfolgung
In Krankheit und Schmerz
In der Stunde unseres Todes

Durch deine Erwählung zum Pflegevater Jesu
Durch deine Vermählung mit Maria
Durch deine Kenntnis der göttlichen Entschlüsse
Durch deine Liebe zu Jesus und Maria
Durch deine Ehrfurcht vor Jesus und Maria
Durch dein väterliche Sorgfalt und Treue
Durch deine Arbeiten und Mühsale
Durch deine Schmerzen und Freuden
Durch deine Keuschheit und Demut
Durch deine Gerechtigkeit und Frömmigkeit
Durch deinen Glauben und dein Vertrauen
Durch deine Liebe und Geduld

Durch deine gehorsame Erfüllung des göttlichen Willens
Durch all deine Tugenden und Verdienste
Durch deinen heiligen Tod
Durch deine ewige Glorie und Glückseligkeit
Durch deine mächtige Fürsprache

Dass wir von Jesus Verzeihung unserer Sünden erlangen mögen – hilf, heiliger Josef
Dass unsere Jugend die Reinheit des Herzens bewahren möge
Dass alle Eheleute in der standesgemäßen Keuschheit ausharren mögen
Dass alle christlichen Eltern ihre Kinder in der Gottesfurcht erziehen mögen
Dass das Oberhaupt und alle Hirten der Kirche die Gläubigen zum ewigen Heil führen mögen
Dass der christliche Arbeiterstand sich allezeit des göttlichen Segens erfreuen möge

Lamm Gottes, du nimmst hinweg die Sünden der Welt – verschone uns, o Herr
Lamm Gottes, du nimmst hinweg die Sünden der Welt – erhöre uns, o Herr
Lamm Gottes, du nimmst hinweg die Sünden der Welt – erbarme dich unser

Heiliger Josef, deine Macht erstreckt sich über alle unsere Anliegen. Du weißt möglich zu machen, was unmöglich zu sein scheint. Schaue in väterlicher Liebe auf all unsere Belange. Amen.

2. *Litanei zum heiligen Josef*

Herr, erbarme dich unser
Christus, erbarme dich unser
Herr, erbarme dich unser
Christus, höre uns
Christus, erhöre uns

Gott Vater im Himmel – *erbarme dich unser*
Gott Sohn, Erlöser der Welt
Gott Heiliger Geist
Heiliger dreifaltiger Gott

Heilige Maria – *bitte für uns*
Heiliger Josef
Du erhabener Spross Davids
Du Leuchte unter den Patriarchen
Du Bräutigam der Mutter Gottes
Du keuscher Beschützer der Jungfrau
Du Nährvater des Sohnes Gottes
Du sorgsamer Verteidiger Christi
Du Haupt der Heiligen Familie

Josef, ausgezeichnet durch Gerechtigkeit
Josef, leuchtend in heiliger Reinheit
Josef, Vorbild der Klugheit
Josef, Mann voll Starkmut
Josef, Beispiel des Gehorsams
Josef, Vorbild der Treue

Du Spiegel der Geduld
Du Freund der Armut
Du Vorbild der Arbeiter

Du Zierde des häuslichen Lebens
Du Beschützer der Jungfrauen
Du Stütze der Familien
Du Trost der Bedrängten
Du Hoffnung der Kranken
Du Patron der Sterbenden
Du Schrecken der bösen Geister
Du Schutzherr der heiligen Kirche

Lamm Gottes, du nimmst hinweg die Sünden der Welt – verschone uns, o Herr
Lamm Gottes, du nimmst hinweg die Sünden der Welt – erhöre uns, o Herr
Lamm Gottes, du nimmst hinweg die Sünden der Welt – erbarme dich unser

Er hat ihn zum Herrn seines Hauses bestellt –
und zum Verwalter seines ganzen Besitzes.

Lasset uns beten: O Gott, in weiser Vorsehung gabst du den heiligen Josef der Mutter deines Sohnes zum Bräutigam. Wir bitten dich, lass ihn, den wir auf Erden als Schirmherrn verehren, unser Anwalt sein im Himmel; der du lebst und herrschest in Ewigkeit. Amen.

2. März

Heiliger Märtyrer Ignatius: „Warum wollte der heilige Josef seine Gemahlin verlassen? Da er die Umstände Mariens wahrnahm, aber an ihrer Unschuld und Reinheit nicht zweifeln wollte, geriet er in größte Verlegenheit. Da ihm das darunter verborgene Geheimnis ganz unbekannte war, entschloss er sich, sie im geheimen zu entlassen und die Sorge der Fügung Gottes anheim zustellen.

(Josef hatte sich mit Maria verlobt, sie aber noch nicht feierlich in sein Haus eingeführt. Diese Verlobung kam rechtlich einer Ehe gleich und gab ihm alle ehelichen Rechte. Ein Treuebruch der Braut während dieser Zeit galt als Ehebruch. Das Gesetz gebot, eine Ehebrecherin anzuzeigen. Auf Ehebruch stand die Steinigung. Der Bräutigam konnte sich in einem solchen Fall nur durch einen Scheidebrief lossagen. In der Zeit zwischen Verlobung und feierlicher Heimführung ward nun Josef inne, dass Maria in Erwartung war. Nichts in ihrem Benehmen wies auf eine Schuld hin. Pflicht und Liebe stritten in Josefs Herzen miteinander. Er war Edelmann vom Scheitel bis zur Sohle. Er ging nicht zu Verwandten und Bekannten, um sich mit ihnen zu besprechen. In ehrfürchtigem Schweigen grub er alles in sich hinein. Er wollte auf Maria verzichten und ihr einen Scheidebrief ausstellen, aber darin den Grund der Entlassung verschweigen.)

Lerne daraus, nicht so leicht von andern, besonders über ehrbare Personen, schlecht zu denken und noch weniger deinen Argwohn andern zu offenbaren! Warum hat die seligste Jungfrau das Geheimnis nicht selbst geoffenbart? Das hat sie aus sehr großer Demut getan. Sie wollte lieber diesen Argwohn auf sich beruhen lassen und sich allen Unannehmlichkeiten aussetzen als durch Offenbarung der ihr von Gott erwiesenen hohen Gnade sich groß zu machen. Sie hoffte, Gott werde sich von selber ihrer annehmen und ihre Ehre retten, was dann auch geschah."

Lesung aus der Heiligen Schrift: Als Maria mit Josef verlobt war, fand es sich, dass sie empfangen hatte vom heiligen Geist, noch ehe sie zusammenkamen. Josef, ihr Mann, war gerecht und wollte sie nicht bloßstellen, und so gedachte er, sie still zu entlassen. Während er sich mit diesem Gedanken trug, erschien ihm im Traum ein Engel des Herrn.

Gebet: Heiliger Josef, ich bitte dich demütig, mich als Schützling anzunehmen. Leite mich in all meinen Ängsten und Zweifeln und stärke mich in allen Widerwärtigkeiten. Tröste mich in aller Betrübnis. Ermuntere mich zur Tugend. Schütze mich vor den Angriffen der Feinde. Führe mich zur Heiligkeit. Bewahre mich vor jeglichem lieblosen Urteil, wenn ich den Weg anderer nicht verstehe.

Maria und Josef! Ich empfehle euch die christlichen Eheleute. Erlangt ihnen die Gnade, dass sie einander wahrhaft lieben und sich in Not und Trübsal beistehen. Helft ihnen, die Treue zu bewahren bis zu ihrem Tod.

Novenengebet und Litanei wie am 1. März.

3. März

Papst Johannes Paul II.: „Der heilige Josef von Nazaret! Er war ein gerechter Mann, dem es als Gerechtigkeit angerechnet wurde, dass er an Gott glaubte, der Toten Leben verleiht und die Dinge ins Dasein ruft, die noch nicht sind. Diese Worte, die von Abraham geschrieben sind, lesen wir heute wieder mit dem Gedanken an Josef von Nazaret, der Glauben hatte, gegen jede Hoffnung hoffte. Das geschah im für die Heilsgeschichte entscheidenden Augenblick, als Gott, der ewige Vater, die Abraham gegebene Verheißung erfüllte und seinen Sohn in die Welt sandte. Gerade damals ist der Glaube Josefs offenbar geworden. Er ist noch mehr offenbar geworden, als das Wort des lebendigen Gottes Fleisch wurde in Maria, der Braut Josefs, als sie auf die Verkündigung des Engels gesegnet wurde durch das Wirken des Heiligen Geistes. Gerade damals bestand Josef von Nazaret die große Prüfung seines Glaubens, so wie sie Abraham bestanden hatte. Er glaubte, als Gott zu ihm mit dem Worte des Engels des Herrn sprach: ‚Josef, Sohn Davids, fürchte dich nicht, Maria, deine Braut, zu dir zu nehmen. Denn was in ihr gezeugt worden ist, stammt vom Heiligen Geist. Sie wird einem Sohn das Leben schenken und du wirst ihm den Namen Jesus geben. Er wird in der Tat sein Volk von seinen Sünden erlösen.' Er tat, wie es der Engel des Herrn ihm geboten hatte. Er nahm Maria zu sich und denjenigen, der in ihr gezeugt worden war."

Heiliger Johannes von Avila: „Da er sie nun mit Augen sah, die ein himmlisches Licht erfüllte, erschien sie ihm so hoch erhaben, wie sie es in Wirklichkeit war. Und wenn St. Johannes der Täufer, obgleich noch verschlossen im Schoße seiner Mutter, den Mensch gewordenen Sohn Gottes erkannte und anbetete, der verborgen war im Schoß der heiligsten Jungfrau, mit welcher Ehrfurcht, Demut und Liebe mag wohl der heilige Josef das gebenedeite Jesuskind angebetet haben, da ihm geoffenbart worden war, dass es im Schoß der heiligsten Jungfrau ruhte? Wie reich war der heilige Mann, da er sich erkoren sah, einem solchen Sohn und einer solchen Mutter zu dienen?"

Johann-Albert Reul: „Jesus konnte sich seinen Vater auswählen, nicht im biologischen Sinn, aber vor dem Gesetz, um auf Erden die Stelle des himmlischen Vaters zu vertreten. Er wählte den, der ihm besonders ähnlich war. Diese Ähnlichkeit konnte sich ja nur auf die Heiligkeit beziehen. Darum wählte er Josef, den Gerechten, der das Gesetz treu und vollkommen erfüllte."

Lesung aus der Heiligen Schrift: Der Engel sprach zu ihm: „Josef, Sohn Davids, scheue dich nicht, Maria, deine Braut, zu dir zu nehmen. Denn was sie empfangen hat, ist vom Heiligen Geist. Du sollst ihm den Namen Jesus geben; denn er wird sein Volk von seinen Sünden erlösen." Da stand Josef vom Schlaf auf und tat, wie ihm der Engel geboten hatte.

Gebet: Heiliger Josef, wie wurdest du doch für all dein Leid entschädigt! Schon glaubtest du, deine von dir über alles geliebte jungfräuliche Braut verlassen zu müssen, da wurde sie dir neu geschenkt; und mit heiligem Staunen erfuhrst du, dass sie die auserwählte Mutter des Herrn sei. Du jungfräulicher Vater Christi, du reinster Bräutigam der Jungfrau Maria, bitte täglich Jesus, den Sohn Gottes, für mich und all deine Schutzbefohlenen, auf dass wir gestärkt durch seine Gnade in jeder Lebenssituation, in Freud und Leid, in gesunden und in kranken Stunden das Fiat zum heiligen Willen Gottes sprechen und uns kindlich und vertrauensvoll in seine heilige Vorsehung empfehlen.

Novenengebet und Litanei wie am 1. März.

4. März

Heiliger Bernhardin von Siena: „Der heilige Josef löste die ihm übertragene Aufgabe ganz treu und zuverlässig. Josef musste darüber schweigen, dass Maria, seine Braut, jene Tochter Sions sei, die der Herr vor allen Frauen auserwählt und mit Gaben und Gnaden geschmückt hatte, wie bisher keine Frau ihres Volkes. Es galt für ihn zu verschweigen, dass Maria die Jungfrau sei, die der Prophet Isaias als Mutter des Emmanuel verkündet hatte, dass sie die Gottesgesegnete und Gebenedeite sei unter allen Frauen Israels. Schweigen musste Josef darüber, dass sein Pflegesohn der heißersehnte Erlöser sei, die Erwartung der Völker, der Mensch gewordene Sohn Gottes."

Heiliger Kirchenlehrer Hieronymus: „Du sagst, Maria sei nicht jungfräulich geblieben (in ihrer Mutterschaft). Mit Recht darf ich behaupten, dass auch Josef durch Maria jungfräulich geblieben sei, damit aus diesem jungfräulichen Ehebund der jungfräuliche Sohn geboren würde."

Lesung aus der Heiligen Schrift: In jenen Tagen erging vom Kaiser Augustus ein Befehl, das ganze Weltreich aufzuzeichnen. Dies war die erste Volkszählung unter Quirinius, dem Statthaltern von Syrien. Alle gingen hin, um sich eintragen zu lassen, ein jeder in seine Vaterstadt. Josef war aus dem Haus und dem Geschlechte Davids. So zog auch er aus der Stadt Nazaret in Galiläa hinauf nach Judäa in die Stadt Davids, die Betlehem heißt, um sich mit Maria, seiner Angetrauten, die Mutter werden sollte, eintragen zu lassen. Während sie dort waren, erfüllte sich die Zeit ihrer Niederkunft. Sie gebar ihren Sohn, den Erstgeborenen, wickelte ihn in Windeln und legte ihn in eine Krippe. Denn in der Herberge war kein Platz für sie.

In jener Gegend hielten Hirten auf freiem Felde Nachtwache bei ihrer Herde. Da trat ein Engel des Herrn zu ihnen, und die Herrlichkeit des Herrn umstrahlte sie. Und sie gerieten in große Frucht. Der Engel aber sagte zu ihnen: „Fürchtet euch nicht! Denn seht, ich verkünde euch eine große Freude, die allem Volk zuteil werden soll: Heute ist euch in der Stadt Davids der Heiland geboren, der Messias und Herr. Und dies soll euch zum Zeichen sein: Ihr werdet ein Kind finden, das in Windeln gewickelt ist und in einer Krippe liegt."

Alsbald gesellte sich zu dem Engel eine große himmlische Heerschar, die Gott lobte und sang: „Ehre sei Gott in der Höhe und Frieden auf Erden den Menschen seiner Huld." Die Hirten gingen eilends hin und fanden Maria und Josef und das Kind, das in einer Krippe lag.

Gebet: Heiliger Josef, führe mich und alle kindlichen Seelen zu Jesus und der Krippe, zu Jesus im Tabernakel. Erbitte uns vom Mensch gewordenen König der Herzen wahre Andacht und demütigen und beharrlichen Gebetseifer, damit wir mit Maria und dir, den Hirten und Weisen dem göttlichen Heiland huldigen und mit den Engeln den ewigen Gott in der Höhe loben und preisen.Nach seiner wunderbaren Geburt zu Betlehem wollte das göttliche Kind sein grenzenloses Erbarmen auf alle Menschen und auf die ganze Erde ausdehnen.

Glorreicher Nährvater Christi, erflehe den Völkern und Nationen die Gnade, dem Ruf des Herrn zu folgen, ihm zu huldigen und ihn anzubeten als den Heiland der Welt, als den Fürsten des Friedens, als den Erlöser der Menschen, als den wahren Gottessohn.

Heiliger Josef, erbitte uns allen vom göttlichen Krippenkönig Erleuchtung des Verstandes, Stärkung unseres Willens, Entflammung unserer Herzen in Liebe zu Gott und dem Nächsten, Treue im Dienst, damit wir würdig werden, die Herrlichkeit des Herrn ewig schauen zu dürfen.

Novenengebet und Litanei wie am 1. März.

5. März

Heiliger Bischof und Kirchenlehrer Franz von Sales: „Ein Spiegel, der direkt von der Sonne beschienen ist, fängt ihre Strahlen vollkommen deutlich auf. Stellt man diesem sonnenbeschienenen Spiegel einen zweiten gegenüber, so wirft dieser die Sonnenstrahlen ebenso scharf zurück, obwohl er sie nur durch Widerstrahlung empfängt, und man kann nur schwer unterscheiden, welcher Spiegel nun die Sonnenstrahlen direkt und welcher sie durch Wiederstrahlung aufnimmt. Unsere Liebe Frau stand als fleckenloser Spiegel der „Sonne der Gerechtigkeit“ gegenüber (Mal 4,2), deren Strahlen unendlich viele Tugenden in herrlicher Vollendung in ihre Seele hineinsenkten, Tugenden, die sich dann im heiligen Josef so rein widerspiegelten, dass es fast schien, als wäre er ebenso vollkommen wie die glorreiche Jungfrau, als hätten seine Tugenden die gleiche Größe wie die ihrigen. Wenn die seligste Jungfrau ganz rein und makellos und weiß wie der Schnee, ja die Jungfräulichkeit selbst war, wie groß muss der heilige Josef in dieser Tugend gewesen sein!"

Pater Suarez SJ: „Gott, der mit Wohlgefallen auf Marias Jungfräulichkeit sein Auge ruhen ließ, suchte einen Verwahrer, dem er dieselbe anvertrauen konnte. Die Reinheit Josefs zog Gottes Wahl auf sich. Gott setzte ein so großes Vertrauen auf Josef, dass er ihn nicht nur zum Verwahrer, sondern auch zum Besitzer dieser Jungfräulichkeit bestellte."

Bischof Jacques-Benigne Bossuet: „Ist nicht Jesus selbst die hochheilige Frucht, die der Jungfräulichkeit entsprossen? ‚Ja sicherlich', so spricht der heilige Fulgentius, ‚er ist ihre Frucht, ihre Zierde, ihr Preis und ihr Lohn.' Ist aber der ‚Schatz der fruchtbaren Jungfräulichkeit' Maria eigen, so gehört er auch dem heiligen Josef! Maria hat sie gelobt, Josef behütet sie; und beide bringen sie dem ewigen Vater dar als einen Schatz. Hat aber Josef so großen Anteil an Marias heiliger Jungfräulichkeit, dann auch an deren Frucht! Und so ist Jesus gewissermaßen sein Sohn – nicht der fleischlichen Wirklichkeit nach, sondern geistigerweise, kraft des jungfräulichen Bandes, das ihn mit der Mutter verbindet.

Der heilige Augustinus hat es mit einem Wort gesagt: ‚Um der innigen ehelichen Vereintheit willen war es angemessen, von ihnen beiden als von den Eltern Christi zu reden.' O Geheimnis der Reinheit, o glückselige Vaterschaft! O Strahlen ewigen Lichtes, die allenthalben in dieser Ehe erglänzen!"

Rupertus von Deutz: „Der Heilige Geist, der in beiden (Maria und Josef) herrschte, vertraute die Gattin diesem treuen Mann an. Und als er aus dem Fleisch der Jungfrau den Menschen (Christus) bildete, goss er diesem Mann (Josef) eine ganz väterliche Liebe zu dem Kind ein."

Lesung aus der Heiligen Schrift: Als acht Tage vorüber waren und das Kind beschnitten werden musste, wurde ihm der Name Jesus gegeben. So hatte ihn der Engel schon genannt, bevor er (der Messias) im Mutterschoß empfangen war.

Gebet: Heiliger Vater Josef, lass dir das Heil meiner Seele und meines Leibes anempfohlen sein! Ich übergebe dir all meine innerlichen und äußerlichen Anliegen. Lehre mich nach deinem Beispiel meinen Willen mit dem göttlichen Willen jederzeit vereinen und jedes Kreuz geduldig tragen. Erbitte mir die Reinheit des Herzens, des Gewissens und des Leibes und alle notwendigen Tugenden. Reinster Pflegevater Josef, dir war Jesus, die Unschuld selbst, und Maria, die reinste Jungfrau, anvertraut. Du Beschützer der jungfräulichen Seelen, deiner Obhut empfehle ich die Kinder und Jugendlichen, die Braut- und Eheleute und vor allem die Priester und Ordensberufe. Um der verdienstreichen Beschneidung Jesu willen bitte ich dich: Erwirke ihnen deine Liebe zur Tugend der Reinheit und große Standfestigkeit in jeglicher Versuchung. Bekehre die Gefallenen. Um des kostbaren Blutes willen, das bei der Beschneidung Jesu geflossen ist, bitte ich dich inständig, sorge, dass die weltliche und geistliche Obrigkeit den hohen Wert der guten Sitten erkennen und durch gottgefällige Gesetze und vorbildliches Beispiel fördern und erhalten möge.

Novenengebet und Litanei wie am 1. März.

6. März

Heiliger Bernhardin von Siena: „Gott wollte das Geheimnis der Menschwerdung geheim halten bis zu dem Tag, den er bestimmt hatte, es der Welt zu offenbaren. Er suchte deshalb eine Seele, die demütig und selbstvergessen genug war, um nicht danach zu verlangen, die Achtung der Menschen auf sich zu ziehen."

Heiliger Kirchenlehrer Bernhard von Clairvaux: „Als die Tage der Reinigung nach dem Gesetze Moses erfüllt waren, brachten sie Jesus nach Jerusalem, um ihn dem Herrn darzustellen. Gleich wie bei jener Opferung des Herrn nach dem Wort der Schrift drei zugegen waren, so verlangt auch der Herr bei unserer Opferung drei wesentliche Dinge. Seiner Opferung wohnte Josef, der Bräutigam der Mutter des Herrn bei, für dessen Sohn Jesus gehalten wurde; es waren die jungfräuliche Mutter und das Jesuskind zugegen, das geopfert wurde. So sei denn auch unsere Opferung begleitet von männlicher Standhaftigkeit, Enthaltsamkeit des Fleisches und demütigem Sinn. Es herrsche in unserm Vorsatz ein männlicher Wille zu beharren, in unserer Enthaltung jungfräuliche Keuschheit, in unserem Sinn jedoch eine kindliche Einfalt und Demut."

Johann Baptist de Lectis d'Orlonia: „Josef ist weit glücklicher als Simeon; er trägt das Jesuskind nicht bloß einmal auf seinen Armen, sondern tausendmal. Josef muss sehr schön gewesen sein, schöner als Abraham, als Isaak und David. Und verdient er nicht als Retter des Jesuskindes vor Herodes eine Ehrenkrone?“

Lesung aus der Heiligen Schrift: Als die Tage der Reinigung nach dem Gesetz Moses zu Ende waren, brachten sie ihn hinauf nach Jerusalem, um ihn dem Herrn darzustellen. Denn so steht im Gesetz des Herrn geschrieben: „Jede männliche Erstgeburt soll dem Herrn geweiht werden.“ Auch wollten sie das Opfer darbringen, wie es im Gesetz des Herrn geboten ist: ein Paar Turteltauben oder zwei junge Tauben.

Da war in Jerusalem ein Mann mit Namen Simeon. Dieser Mann war gerecht und gottesfürchtig und harrte auf den Trost Israels. Er hatte vom Heiligen Geist die Offenbarung erhalten, er werde den Tod nicht schauen, bevor er den Gesalbten des Herrn gesehen habe. Auf Antrieb des Geistes kam er in den Tempel, als eben die Eltern das Kind Jesus hereinbrachten, um an ihm die Vorschriften des Gesetzes zu erfüllen. Da nahm er es auf seine Arme, pries Gott und sagte: „Nun magst du deinen Knecht, o Herr, nach deinem Wort in Frieden entlassen. Meine Augen haben gesehen dein Heil, das du bereitest vor allen Völkern: für die Heiden ein Licht der Erleuchtung, für dein Volk Israel ein Ruhm.“

Sein Vater und die Mutter waren voll Staunen über das, was über ihn gesagt wurde. Simeon pries sie selig und sagte zu Maria, seiner Mutter: „Siehe, dieser ist bestimmt zum Fall und zur Auferstehung vieler in Israel und zum Zeichen des Widerspruchs. Auch deine Seele wird ein Schwert durchdringen. So sollen die Gedanken vieler Herzen offenbar werden."

Da war auch die Prophetin Hanna, eine Tochter Phanuels aus dem Stamme Aser. Sie war hochbetagt. Nach ihrer Jungfrauenzeit hatte sie sieben Jahre mit ihrem Mann gelebt und war jetzt eine Witwe von 84 Jahren. Sie ging nimmer vom Tempel und diente Gott mit Fasten und Beten Tag und Nacht. Sie fand sich zur gleichen Stunde ein, pries Gott und redete von ihm zu allen, die auf die Erlösung Jerusalems harrten.

Nachdem sie alles nach dem Gesetz des Herrn erfüllt hatten, kehrten sie nach Galiläa in ihre Stadt Nazaret zurück. Das Kind wuchs heran und erstarkte. Es ward voll Weisheit, und Gottes Wohlgefallen ruhte auf ihm.

Gebet: Heiliger Josef, du tiefer Schweiger! Warum vernehmen wir keine Worte aus deinem Mund? Verstand dich auf dieser Welt nur das Gotteskind? Beglücktest du mit deinen Worten nur das Herz deiner Braut? Sie allein verstanden dich. Sie danken dir ewig für deine Worte der Liebe, die sie in ihren Herzen bewahrten. Du wusstest um das größte Geheimnis des Himmels und der Erde und gabst es nicht preis.

Ewiger Vater, ich opfere dir durch den heiligen Josef Jesus, deinen vielgeliebten Sohn, auf und mich selbst in ihm, mit ihm und durch ihn, nach allen seinen Meinungen und im Namen aller Menschen.

Heiligste Dreifaltigkeit, ich opfere dir im Namen aller immerdar den treuen Nährvater Josef auf mit seiner Liebe, seinen Schmerzen und Verdiensten.

Novenengebet und Litanei wie am 1. März.

7. März

Pater Suarez SJ: „Josef litt mit dem vollkommensten Willen und der feurigsten Liebe vieles für Maria und erduldete ihretwegen zahlreiche Beschwerden. Darum bestand auch zwischen beiden eine heilige Freundschaft infolge des heiligen Amtes, womit Josef betraut war."

Heiliger Kirchenlehrer Franz von Sales: „Unsere Liebe Frau hatte am heiligen Josef eine große Stütze und Hilfe und er hatte teil an allen geistigen Gütern seiner vielgeliebten Gemahlin, so dass er in der Vollkommenheit wunderbare Fortschritte machte. Das kam vom ständigen Beisammensein mit ihr, die alle Tugenden in höchster Vollkommenheit besaß."

Isidor de Isolanis: „Was könnte der Sohn Gottes dem heiligen Joesf verweigern, für den er eine so große Liebe hatte? Wie könnte ein dankbarer Sohn die Wohltaten seines Vaters vergessen? Der heilige Josef allein leistete dem Erlöser mehr Dienste als alle Engel zusammen."

Lesung aus der Heiligen Schrift: Ein Engel des Herrn erschien dem Josef im Traum und sprach: „Nimm das Kind und seine Mutter und fliehe nach Ägypten. Bleibe dort, bis ich es dir sagen werde. Herodes sucht das Kind, um es zu töten." Josef stand auf, nahm noch bei Nacht das Kind und seine Mutter und floh nach Ägypten.

Gebet: Heiliger Josef, du Mann des glaubensstarken Gehorsams, du erfuhrst ein Leben der Unsicherheit und Angst, Wohnungsnot und Fremde. Selbst eine Flucht bei Nacht blieb dir nicht erspart. Lehre mich und alle

Leidtragenden, alle in Not und Elend Geratenen, die Verfolgten, sowie all deine Verehrer, gleich dir in jeder Situation des Lebens an Gottes Vaterliebe nicht irre zu werden. Hilf uns, das, was wir nicht verstehen, mit glaubendem Herzen zu bejahen und dem Anruf jeder Stunde ohne zu fragen treu zu gehorchen.

Novenengebet und Litanei wie am 1. März.

8. März

Heiliger Kirchenlehrer Bernhard von Clairvaux: „Der ägyptische Josef bewahrte das Getreide nicht für sich auf, sondern für das Volk. Der heilige Josef empfing das lebendige Brot, das vom Himmel stammte, zur Verwahrung, sowohl für sich als auch für die ganze Welt."

Heiliger Bernhardin von Siena: „Wenn Josef ihn (Jesus) als Kind auf dem Arm trug oder sich mit dem Heranwachsenden unterhielt, wer wollte da leugnen, dass Christus ihm unaussprechliche Gefühle der Freude einflößte und zwar so, dass bei all seinen kindlichen Blicken, Worten und Umarmungen seine Gnade mitwirkte."

Paschasius Radbert: „In viel innigerem Sinne war der heilige Josef Vater Christi, als wenn dieser nur adoptiert wäre und zwar deshalb, weil er von dessen Gattin geboren ist."

Lesung aus der Heiligen Schrift: Nach dem Tode des Herodes erschien der Engel Gottes Josef wiederum im Traum und sprach: „Steh auf, nimm das Kind und seine Mutter und ziehe in das Land Israel; denn die dem Kind nach dem Leben strebten, sind gestorben.“ Da stand er auf, nahm das Kind und seine Mutter und kam in das Land Israel. Als er aber hörte, dass Archelaus an Stelle seines Vaters Herodes in Judäa herrsche, fürchtete er sich, dorthin zu ziehen. Und nachdem er im Traum eine Weisung erhalten hatte, begab er sich in die Landschaft Galiläa, in die Stadt Nazaret.

Gebet: Unter deinen Schutz und Schirm fliehen wir, o heiliger Josef! Verschmähe nicht unsere Gebete in unseren Nöten, sondern hilf uns in allen Gefahren. Heiliger Josef, du Helfer und Fürsprecher, bitte für uns alle Zeit, besonders in der Stunde des Todes.

Behüte unsere Familien! Segne unsere Arbeit im Dienste Gottes. Hilf uns, ein reines Leben zu führen. Schütze die heilige Eucharistie in allen Tabernakeln der Welt vor den Händen der Feinde!

Novenengebet und Litanei wie am 1. März.

9. März

Heiliger Kirchenlehrer Augustinus: „Wegen ihres treuen Ehebundes haben beide verdient, die Eltern Christi genannt zu werden, nicht nur Maria, seine Mutter, sondern auch Josef, sein Vater, wie er ja auch der Gemahl der Mutter war: beides jedoch dem Geiste, nicht dem Fleische nach. Mag nun jener nur Vater dem Geiste nach und jene Mutter auch dem Fleische nach sein, Eltern sind sie doch beide.“

Heiliger Kirchenlehrer Bernhard von Clairvaux: „Er war ihnen untertan. Wer? Wem? Gott den Menschen!

Gott, sage ich, dem die Engel unterwürfig sind, dem die Fürstentümer und Mächte gehorchen, war Maria untertänig, aber nicht nur Maria, auch dem heiligen Josef wegen Maria. Bewundere also beides und frage, was mehr zu bewundern sei, die gütigste Herablassung des Sohnes oder die überaus hohe Würde der Eltern. Beides ist staunenswert, beides wunderbar; sowohl dass Gott einem Menschen gehorcht, ist beispiellose Demut, als auch, dass der Mensch Gott vorsteht, eine Erhabenheit ohnegleichen."

Heiliger Bernhardin von Siena: „Es war nicht wenig Weisheit notwendig, um mit Jesus und Maria zusammen leben zu können. Josef bemühte sich treu seiner Berufung, mit aller Einfachheit nach außen und durch den vornehmen inneren Geist, der seinen Umgang mit ihnen beseelte. Welche Umsicht, welch inneres Verstehen des göttlichen Willens und der Zulassung Gottes erforderten die schwierigen Lagen, in die Josef wiederholt geriet. Da war die Zeit der Ungewissheit über die Mutterschaft Mariens. Da war die Geburt des Kindes im Stall, die Flucht nach Ägypten, der dortige Aufenthalt und die Rückkehr in die Heimat und der Verlust des Kindes in Jerusalem. Das waren alles Situationen, in denen der Heilige seine ganze Umsicht aufbieten musste und dabei sein Treue und Zuverlässigkeit unter Beweis stellte."

Lesung aus der Heiligen Schrift: Als Jesus zwölf Jahre alt war, reisten sie der Sitte gemäß nach Jerusalem. Am Ende der Festtage blieb der Knabe in Jerusalem, ohne dass seine Eltern es bemerkten. Sie suchten ihn, und nach drei Tagen fanden sie ihn im Tempel. Seine Mutter sprach zu ihm: „Kind, warum hast du uns das getan? Sieh, dein Vater und ich haben dich mit Schmerzen gesucht. Er antwortete: „Warum habt ihr mich gesucht? Wusstet ihr nicht, dass ich im Hause meines Vaters sein muss?" Doch sie verstanden nicht, was er ihnen mit diesen Worten sagen wollte. Dann zog er mit ihnen hinab und kam nach Nazaret und blieb ihnen untertan. Seine Mutter bewahrte alle diese Dinge in ihrem Herzen. Und Jesus nahm zu an Weisheit, Alter und Wohlgefallen vor Gott und den Menschen.

Gebet: Treuer Vater Josef, erbitte mir in allen Lebenslagen den Beistand des Heiligen Geistes. Erflehe mir vom Tröstergeist die sieben Gaben und die zwölf Früchte. Möge auf deine Fürsprache der Heilige Geist stets in mir wohnen. Großer Schutzherr der Kirche, beschirme den Heiligen Vater, die Kardinäle, Bischöfe und Priester und erwirke ihnen in Fülle die Gabe der Weisheit und Wissenschaft, damit sie wahr, eifrig und fromm das Evangelium verkünden. Erbitte ihnen innige und demütige Liebe zu Jesus im heiligsten Sakrament. Führe die verirrten und gottfernen Menschen ins Haus Gottes, zu Jesus im Tabernakel.

Novenengebet und Litanei wie am 1. März.

Vorbereitung auf das Josefsfest mit der heilige Theresia von Avila

Unter den Heiligen, die besonderes Vertrauen zum heiligen Josef hegten und zahlreiche Gunsterweise von ihm erlangten, nimmt die heilige Kirchenlehrerin Theresia von Avila eine hervorragende Stelle ein. Ihre geistlichen Abhandlungen, ihre Briefe und auch ihre Reiseberichte zeugen von ihrer tiefen Verehrung des glorreichen Patriarchen.

Als sie mit jungen Jahren dem inneren Ruf zum Ordensstand gefolgt und in das Karmeliterkloster von Avila eingetreten war, überfiel sie bald eine schmerzliche Krankheit, die sie an den Rand des Grabes brachte. Nach einer mehrtägigen Ohnmacht war sie völlig gelähmt. Da bat sie, heilige Messen zu zelebrieren, um geheilt zu werden. Auch wandte sie sich mit innigem Gebet vertrauensvoll an den heiligen Pflegevater Jesu.

In ihrer Biographie schreibt sie: „Er ließ seine Macht und Güte hell aufstrahlen. Ihm sei gedankt. Ich fühlte meine Kraft zurückkehren; ich konnte aufstehen und gehen; ich war nicht mehr gelähmt. Seine Hilfe offenbarte sich auf ganz greifbare Weise. Dieser zärtliche Vater meiner Seele, dieser hochgeschätzte Beschützer beeilte sich, mich aus dem Krankheitszustand meines Körpers zu befreien, wie er mich größeren Gefahren anderer Art entriss, die meine Ehre und mein Heil bedrohten. Um das Glück voll zu machen, erhörte er mich jederzeit und über alle meine Erwartungen hinaus."

Zur Zeit ihrer Heilung war Theresia 26-jährig. Die Heilige setzte später ihre ganze Kraft ein, die Andacht zum glorreichen Patriarchen Josef zu fördern. Bis dahin gab es nur einige vereinzelte Josefskapellen in christlichen Ländern wie z. B. in Rom in „Maria zu den Märtyrern". Die heilige Theresia scheint die erste gewesen zu sein, die Kirchen zu seiner Ehre erbauen ließ. Von den 17 Kirchen ihrer Ordensgründungen sind zwölf dem heiligen Josef geweiht; auch in den anderen wurde seine Verehrung hochgehalten. Mit eigener Hand brachte die Heilige bei jeder Klosterpforte das Bild der „Flucht nach Ägypten“ an.

Heilige Theresia von Avila: „Ich kannte eine Dienerin Gottes, der geoffenbart wurde, dass der heilige Josef seinen Verehrern besonders die folgenden Gnaden erlangt:

1. Die Tugend der Keuschheit und Schutz in allen Versuchungen
2. Besondere Hilfe, um aus der Sünde in den Gnadenstand zu gelangen
3. Eine kindliche und innige Andacht zur lieben Gottesmutter Maria
4. Schutz gegen die Hölle im letzen Kampf und einen seligen Tod
5. Bei Anrufung seines heiligen Namens so mächtigen Beistand, dass die bösen Geister zittern
6. Gesundheit und besondere Hilfe in allen leiblichen und geistigen Nöten
7. Das Vorrecht eines besonderen Kindersegens für die Familien.“

Dem Beispiel der großen Ordensmutter Theresia folgend wurde auch die „Blume von Lisieux“, die kleine heilige Theresia vom Kinde Jesu, eine glühende Verehrerin des heiligen Josef. Bereits als Säugling durfte sei den Beistand dieses großen Nothelfers erfahren: Die fromme Mutter der todkranken kleinen Theresia kniete vor einer Sankt-Josef-Statue und flehte voll Vertrauen um Hilfe, denn sie hatte bereits früher mehrere Kinder an dieser Krankheit verloren.

Durch das Gebet gestärkt, begab sich die geprüfte Mutter wieder zur Amme, die das Kind wie entseelt auf ihren Knien liegend hielt. Plötzlich schlug Theresia die Augen auf und lächelte der Mama zu. Kein Rückfall folgt mehr. Der heilige Josef hatte geholfen. Die Kleine wurde wieder ganz gesund und blieb dem hochverehrten Patriarchen stets treu verbunden. Schon in frühen Kinderjahren schmückte sie die Statuen der lächelnden Madonna und des heiligen Josef mit Blumen aus Garten und Feld. Vor ihrer bedeutungsvollen Pilgerreise nach Rom weihte sie ihre Reinheit in der Notre-Dame-Kirche zu Paris der seligsten Jungfrau und deren hochverehrtem Gemahl. In dieser weltberühmten Kirche pflegten die Marienkinder den schönen Brauch, vor dem Verlassen der Kirche kurz vor dem Sankt-Josefsbild niederzuknien. Nicht nur im Monat März, sondern auch an jedem Mittwoch des Jahres wurde in der dortigen Sankt-Josefs-Kapelle eine heilige Messe gefeiert, eingeleitet mit Betrachtungen und Gesängen.

10. März

Heilige Kirchenlehrerin Theresia von Avila: „Schon seit Jahren erbitte ich mir für das Fest des heiligen Josef stets eine besondere Gnade, und immer bin ich erhört worden. Ist meine Bitte weniger gut und nicht ganz der Ehre Gottes gemäß, so weiß er in bewundernswerter Weise sie zum Besseren zu lenken und so noch vorteilhafter für mich zu machen."

Gebet: Glückseliger heiliger Josef, vertrauensvoll wende ich mich an dich und bitte dich um deine Hilfe.

Ich glaube fest, dass dir bei Gott alles möglich ist. Jesus, der dir auf Erden untertan war, wird dir im Himmel keine Bitte unerhört lassen. Dies erfuhr deine treue Verehrerin, die große heilige Theresia, die von sich selbst bekannte, dass sie dir keine Bitte vortrug ohne erhört worden zu sein. Darum forderte sie alle Menschen auf, ihre Zuflucht zu dir zu nehmen, mit der Versicherung, dass du sie nicht ungetröstet lassen würdest. Durch diese Worte angeregt, komme ich zu dir, gebenedeiter heiliger Josef und bitte dich, erwirke mir an deinem Festtag (19. März) vom dreifaltigen Gott durch deine allerreinste Braut Maria die besondere Gnade …

Novenengebet vom 10. – 19. März

1. Ehre und Dank sei dem dreifaltigen Gott für den heiligen Josef und seine Treue gegenüber der Gnade jetzt und alle Zeit und in Ewigkeit. Amen.
   - Vater unser …
   - Gegrüßet seist du, Maria … mit der Einschaltbitte: Heiliger Josef, erwirke uns standhafte Treue gegenüber der Gnade.

2. Ehre und Dank sei dem dreifaltigen Gott für den heiligen Josef und seine Treue in der Pflege des innerlichen Lebens jetzt und alle Zeit und in Ewigkeit. Amen.
   - Vater unser …
   - Gegrüßet seist du, Maria … mit der Einschaltbitte: Heiliger Josef, erbitte uns große Treue in der Pflege des innerlichen Lebens.

3. Ehre und Dank sei dem dreifaltigen Gott für den heiligen Josef und seine Liebe zur seligsten Jungfrau Maria jetzt und alle Zeit und in Ewigkeit. Amen.
   - Vater unser ...
   - Gegrüßet seist du, Maria ... mit der Einschaltbitte: Heiliger Josef, schenke uns innige Liebe zu deiner reinsten Braut, unsere himmlischen Mutter.

4. Ehre und Dank sei dem dreifaltigen Gott für den heiligen Josef und seine Liebe zum göttlichen Kind jetzt und alle Zeit und in Ewigkeit. Amen.
   - Vater unser ...
   - Gegrüßest seist du Maria, ... mit der Einschaltbitte: Heiliger Josef, erflehe uns glühende Liebe zum göttlichen Kind.

Litanei zum heiligen Josef

Herr, erbarme dich unser
Christus, erbarme dich unser
Herr, erbarme dich unser
Christus, höre uns
Christus, erhöre uns

Gott Vater im Himmel – *erbarme dich unser*
Gott Sohn, Erlöser der Welt
Gott Heiliger Geist
Heiliger dreifaltiger Gott

Heilige Maria – *bitte für uns*
Heiliger Josef,
Du erhabener Spross Davids
Du Leuchte unter den Patriarchen

Du Bräutigam der Mutter Gottes
Du keuscher Beschützer der Jungfrau
Du Nährvater des Sohnes Gottes
Du sorgsamer Verteidiger Christi
Du Haupt der Heiligen Familie

Josef, ausgezeichnet durch Gerechtigkeit
Josef, leuchtend in heiliger Reinheit
Josef, Vorbild der Klugheit
Josef, Mann voll Starkmut
Josef, Beispiel des Gehorsams
Josef, Vorbild der Treue

Du Spiegel der Geduld
Du Freund der Armut
Du Vorbild der Arbeiter
Du Zierde des häuslichen Lebens
Du Beschützer der Jungfrauen
Du Stütze der Familien
Du Trost der Bedrängten
Du Hoffnung der Kranken
Du Patron der Sterbenden
Du Schrecken der bösen Geister
Du Schutzherr der heiligen Kirche

Lamm Gottes, du nimmst hinweg die Sünden der Welt –
verschone uns, o Herr
Lamm Gottes, du nimmst hinweg die Sünden der Welt –
erhöre uns, o Herr
Lamm Gottes, du nimmst hinweg die Sünden der Welt –
erbarme dich unser

Er hat ihn zum Herrn seines Hauses bestellt –
und zum Verwalter seines ganzen Besitzes.

Lasset uns beten: O Gott, in weiser Vorsehung gabst du den heiligen Josef der Mutter deines Sohnes zum Bräutigam. Wir bitten dich, lass ihn, den wir auf Erden als Schirmherrn verehren, unser Anwalt sein im Himmel; der du lebst und herrschest in Ewigkeit. Amen.

Andacht zu den sieben Schmerzen und Freuden des heiligen Josef *(vom 10. – 19. März)*

Pius VII. verlieh am 9. Dezember 1819 für alle Zeiten den Gläubigen, die mit bußfertigem Sinn folgende fromme Übung pflegen: täglich einmal 100 Tage Ablass; 300 Tage Ablass an jedem Mittwoch des Jahres und an allen Novenentagen vor dem Hauptfest des heiligen Josef (19. März) und vor seinem Schutzfest (Mittwoch vor dem 3. Sonntag nach Ostern); an diesen beiden Festen ein Vollablass nach vorausgehender Novene unter folgenden Bedingungen: Sakramentenempfang (Beichte und Kommunion) am Festtag und Verrichtung der folgenden Andacht. Ferner wird ein Vollablass gewährt, wenn Sie täglich während eines ganzen Monats diese Andacht beten, an einem beliebigen Tag desselben die heiligen Sakramente der Buße und des Altares empfangen und nach der Meinung des Heiligen Vaters beten. Diese Ablässe können auch den Armen Seelen zugewendet werden.

1. Reinster Bräutigam der heiligen Jungfrau Maria, glorreicher heiliger Josef! So, wie der Kummer deines Herzens in der Unschlüssigkeit, ob du deine unbefleckte

Braut verlassen solltest, groß war, so unbeschreiblich war deine Freude, als dir vom Engel das erhabene Geheimnis der Menschwerdung geoffenbart wurde.
Durch diesen Schmerz und diese Freude bitten wir dich: Erfreue unser Herz jetzt und alle Tage unseres Lebens durch deinen liebevollen Beistand, damit wir immer den Willen Gottes erkennen und erfüllen. Vor allem aber beschütze uns in der Stunde des Todes.
• Vater unser ...
• Gegrüßet seist du, Maria ...
• Ehre sei dem Vater ...

2. Glückseliger Patriarch, glorreicher heiliger Josef, Nährvater des menschgewordenen Wortes! Der Schmerz, den du empfandest, da du das Kindlein Jesus in so großer Armut geboren sahst, verwandelte sich in himmlischen Jubel, als du die Lobgesänge der Engel vernahmest und die Herrlichkeit jener glanzerfüllten Nacht erblicktest.
Durch diesen Schmerz und diese Freude bitten wir dich: Erlange uns die Gnade nach dieser Pilgerschaft, in der ewigen Heimat die Lobgesänge der Engel zu vernehmen und uns am Glanz der himmlischen Herrlichkeit zu erfreuen.
• Vater unser ...
• Gegrüßet seist du, Maria ...
• Ehre sei dem Vater ...

3. Gehorsamer Befolger des göttlichen Gesetzes, glorreicher heiliger Josef! Der Schmerz, den das göttliche Kind bei der Beschneidung erlitt, betrübte dich sehr, doch der Name Jesus erfüllte dich mit Freude.

Durch diesen Schmerz und diese Freude bitten wir dich: Erlange uns die Gnade, von allen Lastern während unseres Lebens frei zu bleiben und mit dem heiligsten Namen Jesus im Herzen und im Munde freudig aus diesem Leben zu scheiden.
• Vater unser ...
• Gegrüßet seist du, Maria ...
• Ehre sei dem Vater ...

4. Treuester Heiliger, der du teilnahmst an den Geheimnissen unserer Erlösung, glorreicher heiliger Josef! Simeons Weissagungen über die Leiden Jesu und Mariens erfüllten dich mit großem Schmerz, doch die Voraussage über die Frucht dieser Leiden, nämlich das Heil und die Auferstehung vieler, erfüllte dich mit seliger Freude.
Durch diesen Schmerz und diese Freude bitten wir dich: Erlange uns die Gnade, zu denen gehören zu dürfen, die durch die Verdienste Jesu und die Fürbitte Mariens einst glorreich auferstehen werden.
• Vater unser ...
• Gegrüßet seist du, Maria ...
• Ehre sei dem Vater ...

5. Wachsamer Hüter Christi, glorreicher heiliger Josef! Groß war dein Schmerz, sehen zu müssen, wie das Jesuskind auf der Flucht vielseitige Entbehrungen erdulden musste; groß war auch dein Trost, deinen Gott immer um dich zu haben und zu sehen, wie die Götzenbilder Ägyptens vor ihm zu Boden stürzten.
Durch diesen Schmerz und diese Freude bitten wir dich: Erlange uns die Gnaden, durch die Flucht ge-

fährlicher Gelegenheiten den höllischen Feind von uns fernzuhalten, die Götzenbilder irdischer Anhänglichkeit aus unseren Herzen zu verbannen, ganz im Dienste Jesu und Mariens zu leben und in ihrer Mitte selig zu sterben.

- Vater unser …
- Gegrüßet seist du, Maria …
- Ehre sei dem Vater …

6. Nährvater Christi, glorreicher heiliger Josef! Mit Staunen sahst du, wie das menschgewordene Wort deinen Befehlen gehorchte. Groß war dein Schmerz über die teilweise schlechte Behandlung in Ägypten, durch die Jesus und Maria Not litten; groß war auch deine Freude, als der Engel die Kunde brachte, du könntest mit Jesus und Maria in die Heimat zurückkehren. Betrübt durch die Furcht vor Archelaus, der in Judäa regierte, wurdest du durch den Boten des Himmels beruhigt und nach Nazaret gewiesen, wo du mit Jesus und Maria in Freude und Glück wohntest.
Durch diese Schmerzen und diese Freuden bitten wir dich: Erlange uns die Ruhe eines guten Gewissens; bewahre uns vor schädlicher Furcht; vermittle uns innige Verbundenheit mit der Heiligen Familie und dem Schutzengel.

- Vater unser …
- Gegrüßet seist du, Maria …
- Ehre sei dem Vater …

7. Du Vorbild aller Heiligkeit, glorreicher heiliger Josef! Groß war dein Schmerz über den Verlust des zwölfjährigen Jeusknaben; groß war aber auch deine Freu-

de, als du ihn mit Maria nach drei Tagen im Tempel wiederfandest.
Durch diesen Schmerz und diese Freude bitten wir dich: Hilf uns, Jesus nie durch eine schwere Sünde zu verlieren, stets den Willen des himmlischen Vaters zu erfüllen, gut zu leben, heilig zu sterben und die ewige Glückseligkeit zu erlangen.
- Vater unser …
- Gegrüßet seist du, Maria …
- Ehre sei dem Vater …

11. März

Heilige Kirchenlehrerin Theresia von Avila: „Zu meinem Fürsprecher und Herrn erwählte ich den glorreichen heiligen Josef und empfahl mich ihm recht inständig. Und in der Tat! Ich habe erkannt, dass dieser mein Vater und Herr es gewesen, der mich sowohl aus meiner damaligen Not als auch aus anderen und noch größeren Nöten, die meine Ehre und das Heil meiner Seele betrafen, gerettet und mir sogar noch mehr verschafft hat, als ich zu bitten gewusst."

Gebet: Großer Patriarch Josef, würdig, unter allen Heiligen besonders verehrt, geliebt und angerufen zu werden! Vor deinem Pflegesohn Jesus und deiner lieben Braut Maria erwähle ich dich um deiner außerordentlichen Verdienste, deiner Glorie und der Macht deiner Fürbitte willen zu meinem Fürsprecher, Vater und Beschützer. Ich nehme mir vor, dich zu lieben und zu verehren, alle Tage meines Lebens. Nimm mich auf in die Zahl deiner ergebenen Verehrer. Stehe mir bei in all meinen Handlungen. Sei mein Fürsprecher bei Jesus und Maria und erlange mir an deinem baldigen Festtag die Gnade ...! Verlass mich nicht in der Stunde meines Todes. Amen.

Novenengebet, Litanei, Andacht wie am 10. März.

12. März

Heilige Kirchenlehrerin Theresia von Avila: „Wer einen Führer auf dem Weg zum inneren Gebet und innerlichen Leben braucht, soll den heiligen Josef als Führer nehmen, und er wird in ganz kurzer Zeit zum Ziel kommen. Wer immer meinen Worten nicht glauben will, den bitte ich um der Liebe Gottes willen, einen Versuch zu machen; er wird dann erfahren, welch großen Nutzen es bringt, wenn man sich diesem glorreichen Patriarchen empfiehlt und ihn mit Andacht verehrt."

Gebet: Gedenke, o reinster Bräutigam der seligsten Jungfrau Maria, mein mildreicher Beschützer, heiliger Josef, dass es niemals gehört worden ist, dass jemand deinen Schutz angerufen und dich um Hilfe angefleht habe, ohne getröstet worden zu sein. Mit diesem Vertrauen komme ich, mich dir vorzustellen, und empfehle mich dir mit aller Inbrunst. Verschmähe meine Bitten nicht, du Pflegevater des Heilands, sonder nimm sie gütig auf. Lieber heiliger Josef, werde auch mein Führer auf dem Weg zum inneren Gebet und innerlichen Leben. Dies bitte ich dich inständig durch die heilige Theresia von Avila. Ferner gewähre mir an deinem Festtag (19. März) die besondere Gnade ...!

Novenengebet, Litanei, Andacht wie am 10. März.

13. März

Heilige Kirchenlehrerin Theresia von Avila: „Anderen Heiligen scheint der Herr die Gnade gegeben zu haben, nur in bestimmten Anliegen helfen zu können. Diesen glorreichen Heiligen aber habe ich in allen Stücken als Nothelfer kennengelernt."

Gebet: Schon in Fatima, wo auch du, heiliger Josef, mit dem göttlichen Kind auf dem Arm erschienen bist, hat die allerreinste Jungfrau uns aufgefordert, für die Bekehrung der Sünder zu beten. Gerechtester Patriarch, ich empfehle dir mit der heiligen Theresia von Avila die Irr- und Ungläubigen, die verstockten Sünder, die Feinde der heiligen Kirche und die Sterbenden. Bitt' das Kind auf deinem Arm, dass es sich ihrer erbarm'! Lege sie alle Tage, alle Stunden in Mariens Herz und Jesu Wunden!

Glorreicher heiliger Josef, du Schrecken der bösen Geister, verjage den Satan aus ihren Herzen und erflehe ihnen das Licht des göttlichen Geistes. Um des heiligsten Namens Jesu willen bitte ich dich darum. Amen.

Novenengebet, Litanei, Andacht wie am 10. März.

14. März

Heilige Kirchenlehrerin Theresia von Avila: „Einmal schien mir (während der heilige Messe), als werde ich mit einem sehr glänzenden Gewand umgeben. Im Anfang sah ich nicht, wer mich damit bekleidete. Dann aber bemerkte ich Unsere Liebe Frau zur Rechten und meinen heiligen Vater Josef zur Linken. Beide schmückten mich mit diesem Gewand und es wurde mir zu verstehen gegeben, dass ich nunmehr rein von meinen Sünden sei. Als ich so gekleidet war und mich voll überströmender Wonne und Glorie fühlte, nahm mich Unsere Liebe Frau, wie mir vorkam, bei der Hand. Dabei sagte sie zu mir, es bereite ihr große Freude, dass ich dem glorreichen heiligen Josef diene."

Gebet: Glorreicher heiliger Josef, Vater und Beschützer der jungfräulichen Seelen, dessen Schutz die Unschuld selbst, Jesus Christus, und Maria, die Jungfrau der Jungfrauen, anvertraut waren. Durch dieses doppelte, dir so teure Unterpfand bitte und beschwöre ich dich: Erweise mir die Gnade, dass ich mit unbefleckter Seele, reinem Herzen und keuschem Leibe Jesus und Maria allezeit in vollkommener Keuschheit diene.

Seligster Josef, nimm mich als dein Pflegekind an und lass dir meinen Leib und meine Seele anvertraut sein. Erhalte mir die göttliche Gnade, damit ich durch sie gestärkt, vor allen feindlichen Angriffen gesichert, jederzeit den Weg der göttlichen Gebote wandle und niemals von Gott, dem höchsten Gut, getrennt werde. Sei mein Führer und Ratgeber in all meinem Tun und Lassen, mein Tröster und Helfer in allen Widerwärtigkeiten, und endlich in meiner Sterbestunde mein besonderer Beschützer, damit ich unter deinem Beistand ins ewige Vaterhaus gelange und in Gott, meinem Heiland, mich mit dir und Maria ewig freuen möge. Amen.

Novenengebet, Litanei, Andacht wie am 10. März.

15. März

Heilige Kirchenlehrerin Theresia von Avila: „Wenn ihr auch gerne Heilige als eure Beschützer ehrt, so habt doch eine ganz besondere Andacht zum heiligen Josef, dessen Einfluss bei Gott so groß ist! Der Herr will uns ohne Zweifel zeigen, dass er ihm im Himmel alles gewährt, was er von ihm begehrt, nachdem er ihm auf Erden als seinem Nähr- und Pflegevater das Recht gegeben hat zu befehlen und ihm untertänig gewesen war."

Gebet: Liebreicher heiliger Josef, welche Wonne fandest du darin, dem göttlichen Kind deine Fürsprache zuzuwenden! Du kanntest seine Größe und Majestät und betetest es mit Ehrfurcht und Demut an. Andererseits empfandest du so sehr den Liebreiz seiner Erscheinung, dass jede Furcht schwand und du Jesus voller Freude in deine Arme nahmst und an dein Herz drücktest. Groß war deine Freude, als Jesus dich erstmals Vater nannte. Bitte das göttliche Kind um seinen Segen und erwirke mir die Tugenden seiner Kindheit, besonders seine Bescheidenheit und Demut, seinen kindlichen Gehorsam und seine Liebe zur Verborgenheit. Erlange mir die Gnade, dass ich das Geheimnis des verborgenen Lebens Jesu immer mehr verstehe und Jesus täglich wohlgefälliger werde. Im weiteren erflehe mir an deinem Festtag (19. März) die besondere Gnade ...!

Heiliger Josef, bester Vater,
du, Mariens Schutz und Hort,
sei uns Helfer und Berater,
sprich für uns ein bittend Wort.

Nichts kann dir das Kind versagen,
das dein Arm so sanft umschließt.
Drum wollst Sorge für uns tragen,
bis du uns einst im Himmel siehst.

Novenengebet, Litanei, Andacht wie am 10. März.

16. März

Heilige Kirchenlehrerin Theresia von Avila: „Ich erinnere mich nicht, bis zum heutigen Tag ihn (Sankt Josef) je um etwas gebeten zu haben, das er mir nicht gewährt hätte. Ja, es ist zum Erstaunen, welch große Gnaden mir Gott durch die Vermittlung dieses glückseligen Heiligen verliehen und aus wie vielen Gefahren des Leibes und der Seele er mich durch ihn befreit hat."

Gebet: Großer Patriarch, heiliger Josef, du warst gerecht befunden vor dem Herrn, vor allem durch deinen bewunderungswürdigen Glauben. In dieser Tugend wurdest du hart geprüft. Erflehe auch mir immerfort die Vermehrung dieser Tugend, die die Grundlage aller übrigen bildet und ohne die man Gott nicht gefallen kann. Erlange mir einen lebendigen, tätigen, von göttlicher Liebe durchwirkten Glauben, der sich durch keine Angriffe der Hölle oder der Welt erschüttern lässt. Hilf mir, dass ich nach deinem Beispiel aus dem Glauben lebe und gewähre mir an deinem Festtag (19. März) die besondere Gnade …! Ich danke dir. Amen.

Gebet am 16. März (Vorbereitung auf das Josefsfest) nach Papst Leo XIII.

Glorreicher Patriarch, heiliger Josef, in tiefer Ehrfurcht knien wir vor deinem Bild und bewundern deine hohe Würde als Bräutigam der seligsten Jungfrau Maria. Du, gleich ihr, ein edler Spross aus dem Hause Davids, bist ihr so ähnlich in den erhabensten Tugenden; denn wer kennt nicht deinen lebendigen Glauben, deine feste Hoffnung, deine brennende Liebe? Wer bewundert nicht deine Demut, Sanftmut, Geduld und Reinheit, durch die du über alle Engel und Heiligen, ausgenommen die seligste Jungfrau, erhoben worden bist? Darum hat dir Gott die reinste Jungfrau Maria anvertraut. Mit ihr hast du Freud und Leid geteilt und liebevoll über das Jesuskind gewacht. Möchten alle christlichen Eheleute dein Vorbild mit Eifer nachahmen!

- Vater unser …
- Gegrüßet seist du, Maria …
- Ehre sei dem Vater …

Novenengebet, Litanei, Andacht wie am 10. März.

17. März

Heilige Kirchenlehrerin Theresia von Avila: „Niemals habe ich jemanden kennengelernt, der eine wahre Andacht zum heiliger Josef trug oder durch besondere Übungen ihm diente, an dem ich nicht auch einen größeren Fortschritt in der Tugend wahrgenommen hätte."

Gebet: Glorreicher heiliger Josef, du Mann nach dem Herzen Gottes! In allen Situationen deines Lebens hast du auf Gott vertraut. Deine feste Hoffnung und dein unerschütterliches Vertrauen sind mir ein wertvolles Vorbild in den Widerwärtigkeiten des Alltags. Mein gütiger Beschützer, erlange mir jene feste Hoffnung, die alle Hindernisse überwindet und alle Versuchungen unverletzt besteht. Erwirke mir jenes liebende Vertrauen, dem selbst Gott nicht widerstehen kann. Erflehe mir jene Hoffnung, die mir im Leben kraftvolle Stütze und im Sterben heilsamer Trost sein wird. Um deiner großen Verdienste willen bitte ich dich: Gewähre mir an deinem Festtag (19. März) die besondere Gnade …, die ich mit Vertrauen erhoffe. Dank gesagt sei dir dafür in Ewigkeit. Amen.

Gebet am 17. März (Vorbereitung auf das Josefsfest) nach Papst Leo XIII.

Heiliger Josef, groß und bewunderungswürdig stehst du als Bräutigam Mariens vor uns; aber noch herrlicher strahlst du in deiner Würde als Nährvater Jesu Christi, eine Würde, die alle menschlichen Begriffe übersteigt. Mit Gott, dem Ewigen, dem Unendlichen, teilst du den Namen eines Vaters. Dir sind Vaterrechte übergeben worden über Jesus, seinen eingeborenen Sohn. Wer im Himmel und auf Erden kann sich solcher Ehre rühmen? Nicht den Engeln und Erzengeln, nicht den Cherubim und Seraphim, nicht einem Großen der Erde ist ähnliche Macht und Würde verliehen worden. Glorwürdiger Patriarch! Du allein bist vom Herrn bestimmt worden, den Namen und die Sorge eines Vaters für das göttliche Kindlein zu tragen.

Freue dich, heiliger Josef, der unaussprechlichen Glorie und Wonne, die du jetzt im Himmel genießest. Wirf einen liebevollen Blick auf deine Schutzbefohlenen, die Jesus, dein geliebter Pflegesohn, als Brüder und Schwestern angenommen hat. Sei uns Vater und Beschützer! Hilf uns und verteidige uns in allen Gefahren. Führe uns durch dieses Erdenleben und geleite uns in die himmlische Heimat, wo wir deine Liebe und Güte ewig preisen werden.

- Vater unser …
- Gegrüßest seist du, Maria …
- Ehre sei dem Vater …

Novenengebet, Litanei, Andacht wie am 10. März.

18. März

Heilige Kirchenlehrerin Theresia von Avila: „Ich weiß nicht, wie man sich der Königin der Engel erinnern und jener Zeit gedenken kann, in der sie mit dem Kinde Jesus so viel ausgestanden, ohne dem heiligen Josef für die Wohltat des Beistandes, den er ihnen geleistet hat, Dank zu erstatten. Insbesondere sollen jene, die dem innerlichen Gebet ergeben sind, ihm allzeit in Liebe zugetan sein."

Gebet: Glorreicher Patriarch, heiliger Josef, mit allen Engeln und Heiligen des Himmels danke ich dir heute für alle Dienste und Wohltaten, die du Jesus und Maria auf Erden erwiesen hast. Dank sei dir auch gesagt für deine Fürsprache und deine Hilfe in meinem Anliegen.

Heiliger Josef, groß bist du in allen Tugenden, aber unvergleichlich in der Liebe. Mit Recht sagt die heilige Theresia von Avila: „Die Liebe zu Gott besteht darin, dass man Gott in Seelenstärke und Ergebenheit diene." Das hast du in vollkommenster Weise getan. Jesus, die Wonne deines Lebens, vereinigt sich oft mit mir in der heilige Eucharistie.

Glorreicher Vater Josef, der du Gottes Sohn hast liebend an deine Brust drücken dürfen, lehre mich Gott lieben aus ganzem Herzen, aus ganzer Seele, aus ganzem Gemüte und aus allen meinen Kräften. Amen.

Gebet am 18. März (Vorbereitung auf das Josefsfest) nach Papst Leo XIII.

Ruhmreicher heiliger Josef, Bräutigam Mariens und Nährvater Christi, im Hinblick auf deine Doppelwürde hat die heilige Kirche, vom Geiste Gottes geleitet, dich zum Schutzpatron erwählt. Lass deine väterliche Obhut der großen Gottesfamilie, der heiligen Familie, der heiligen Kirche, angedeihen. Siehe an ihre Nöte und Bedrängnisse! Du vermagst alles beim göttlichen Herzen. Im Namen aller Kinder der katholischen Kirche flehen wir voll Inbrunst zu dir: Strecke deine Hand aus zum Schutz der heiligen Kirche! Führe sie zum siegreichen Triumph! Erzeige dich in allem als ihr liebevoller Schutzpatron!

- Vater unser ...
- Gegrüßest seist du, Maria ...
- Ehre sei dem Vater ...

Novenengebet, Litanei, Andacht wie am 10. März.

19. März – Fest des heiligen Josef

Heiliger Bischof Franz von Sales: „Drei Namen werden dem heiligen Josef im Evangelium gegeben. Er wird Gemahl Mariens genannt. Von Maria wird er der Vater Christi genannt. („Dein Vater und ich haben dich schmerzlich gesucht“, Lk 2,48). Schließlich wird er ein gerechter Mann genannt (Mt 1,19). Der zweite Name ergibt sich aus dem ersten, der dritte aus dem ersten und zweiten. Um die Würde der Ehe hervorzuheben, um die Sittsamkeit und Ehre der seligsten Jungfrau zu wahren, wenn ihr Sohn von einer Vermählten geboren wurde, um ihre Keuschheit im Schatten der Ehe zu verbergen, war sie im Übrigen Josef wirklich als Gattin vermählt.“

Heiliger Kirchenlehrer Albertus Magnus: „Gott wollte die Gerechtigkeit des heiligen Josef dadurch offenbaren, dass er dessen Namen ausdrücklich im Evangelium, wie in dem Buch des Lebens verzeichnet hat. Er wollte bekunden, dass jener Mann, den er zum Beschützer Marias bestellt hatte, den Seinigen nicht unbekannt war. Er wollte das Andenken an den Namen dessen, der als Vater des Gottessohnes betrachtet wurde, verewigen.“

Aus den Offenbarungen der heiligen Gertrud der Großen: Eines Tages, als sie im Chor war, sah sie, wie die Heiligen und Engel das Geheimnis der Verkündigung verehrten. Jedesmal, wenn der Name des heiligen Josefs, des Bräutigams der heiligen Jungfrau, ausgesprochen wurde, machten die Heiligen in Ehrfurcht eine tiefe Verneigung und bezeugten durch die Heiterkeit und

Innigkeit ihres Blickes, dass sie sich mit ihm freuten ob seine erhabenen Würde.

Papst Johannes XXIII.: „Als man mich ohne all mein Verdienst zum Papst wählte, mich, den Sohn eines armen Pächters, dachte ich daran, mich Josef zu nennen. Glaubt mir, ich hätte es gern getan, aber dieser Name ist für einen Papst nicht üblich, darum musste ich darauf verzichten. Um so glücklicher bin ich, dass Josef einer meiner Vornamen ist, und ich bin sicher, dass der Nährvater Jesu nicht nur mir an seinem Ehrentag Gottes Segen erflehen wird, sondern allen, die auf seinen Namen getauft sind."

Heilige Kirchenlehrerin Theresia von Avila: „Ich unterließ nichts, das in meinen Kräften stand, um es dahin zu bringen, dass sein Fest mit großer Feierlichkeit begangen würde. Meine Erfahrung, wie reichlich Gnaden Gott auf die Fürbitte dieses großen Heiligen erteilt, erregte in mir den Wunsch, die ganze Welt überreden zu können, eine große Andacht zu ihm zu pflegen, und ich weiß keinen, der seine Andacht im Werk gezeigt und nicht große Fortschritte in der Tugend gemacht hätte."

Gruß: Gegrüßet seist du, heiliger Josef, Nährvater Christi und Bräutigam Mariens, reich an Gnade. Der Herr ist mit dir. Du bist gebenedeit unter den Männern der Erde und gebenedeit ist Jesus, der Sohn der allerreinsten Jungfrau.

Lobpreis: Heiliger Josef, gepriesen sei dein Name! Gott gab dir, dem Beschützer Christi und Gemahl Mariens, den herrlichen Namen, der bedeutet: Wachstum, Überfluss. Damit sollte kundgetan werden, wie überreich deine Seele mit himmlischen Gunstbezeugungen ausgestattet war. Welch ununterbrochener Gnadenstrom ergießt sich in deine Seele, seit du das Haupt der Heiligen Familie geworden bist! Nach der seligsten Jungfrau bist du das vollendetste Meisterwerk Gottes.

Hingabe: Glorreicher Patriarch, ich opfere mich dir auf und erwähle dich heute zu meinem besonderen Beschützer und Fürsprecher bei Gott. Zu dir rufe und flehe ich, du mögest mich als Pflegekind annehmen und mir einen lebendigen Glauben, ein festes Vertrauen und eine inbrünstige Liebe zu Gott erwirken sowie große Geduld in Widerwärtigkeiten, tiefe Reue über meine Sünden, ein aufrichtiges Bekenntnis derselben im heiligen Bußsakrament und vollkommene Bekehrung. Erlange mir große Reinheit des Herzens, Leibes und Geistes und eine innige Liebe zum geistlichen Leben. Dir weihe ich mich an deinem heutigen Festtag und empfehle dir alle, die deinen herrlichen Namen tragen.

Bitte: Liebreicher heiliger Josef, breite deinen schützenden Mantel über mich und gewähre mir vom Herrn an deinem Festtag die Gnade ...! Mit der heiligen Theresia von Avila bitte ich dich darum und danke dir dafür. Hilf mir, deinen Anvertrauten auf Erden und vor allem der geistlichen und weltlichen Obrigkeit, in jeder Lebenslage die Ehre Gottes zu suchen. Steh allen bei in Not und Gefahr, in Betrübnis und Versuchung und besonders in der Stunde des Todes. Amen.

Gebet des Papstes Johannes XXIII.

Heiliger Josef, Beschützer Jesu Christi, Mariens keuscher Gatte, du hast dein Leben in der vollkommensten Pflichterfüllung verbracht und mit deiner Hände Arbeit die Heilige Familie von Nazaret ernährt: Gewähre gnädig allen deinen Schutz, die sich vertrauensvoll in ihren Gebeten an dich wenden. Du kennst ihr Wollen, ihr Ängste, ihre Hoffnungen. Sie eilen zu dir, denn sie wissen, dass sie in dir einen finden, der sie versteht und ihnen auch hilft. Auch du hast Prüfungen, Mühen und Müdigkeit erfahren. Aber auch inmitten der Sorgen des materiellen Lebens hat deine Seele, erfüllt mit tiefstem Frieden, in hoher Freude frohlockt über die Innigkeit des Verkehrs mit dem Sohn Gottes, der dir zusammen mit seiner lieblichen Mutter Maria anvertraut war.

Mögen die, die deinen Schutz erflehen und erhalten, verstehen, dass sie in ihrer Arbeit nicht allein sind. Möge es auch ihnen verliehen sein, neben sich Jesus Christus zu entdecken; mögen sie ihn mit seinen Gnaden empfangen und in Treu immer bei sich wohnen lassen, wie du es getan hast. Möge es durch deine Gebete gewährt werden, dass in jeder Familie, in jeder Fabrik, in jeder Werkstätte, überall dort, wo Christen tätig sind, alles geheiligt werde in der Liebe, der Geduld, der Gerechtigkeit, im guten Wollen und im guten Tun, damit die Gaben der himmlischen Liebe sich mehren um uns und in uns. Amen.

St. Josefs-Weihe nach dem frommen Henri Marie Boudon

Großer heiliger Josef! In deiner heiligen Gegenwart werfe ich mich zu Boden und verehre dich als den keuschen Gemahl der Mutter Gottes, als Haupt der Heiligsten Familie, die es jemals gab, als den getreuen Verwalter der Schätze der Heiligsten Dreifaltigkeit.

Ich ehre in deiner Person die Wahl Gottes, des Vaters, der mit dir die väterliche Autorität über seinen Sohn teilen wollte, die Wahl Gottes, des Sohnes, der von dir und deiner Hände Arbeit abhängig sein wollte, die Wahl Gottes, des Heiligen Geistes, der dir seine teure Braut anvertrauen und dich ihr zum Gefährten geben wollte.

Ich preise dich glücklich, dass du Jesus Christus auf deinen Armen tragen, an deine Brust drücken und liebreich umarmen durftest.

Wer vermöchte alle Schätze der Erleuchtung, Weisheit und Gnade zu fassen, die du in den Jahren empfingst, die du mit Jesus und Maria verbrachtest? Durchdrungen von Ehrfurcht und Liebe im Anblick deiner Größe und Heiligkeit opfere und weihe ich dir mein Herz. Nach Jesus und Maria sollst du Herr und Meister über dasselbe sein. Ich werde dich von jetzt an als meinen Vater und Beschützer betrachten. Gewähre mir deinen ständigen Beistand. Erwirke mir aufrichtige Bekehrung und all die Gnade, die ich nötig habe, um Gottes Pläne erfüllen zu können. Bewahre mir den Geist der Sammlung und des beschaulichen Lebens. Erbitte mir stets den Glauben an die Gnade, die Vereinigung mit Gott, tiefe Demut des Herzens, Geduld in Widerwärtigkeiten, Liebe zum Kreuz, gänzliche Ergebung in die Führung des Herrn sowie große Liebe zu Jesus und Maria.

Nimm, o großer Heiliger, die frommen Seelen in deinen Schutz, vor allem die, die nach deinem Beispiel Jesus und dessen Mutter in ihrer Zurückgezogenheit und Einsamkeit hören und nachahmen. Durch das Vorrecht deines glückseligsten Sterbens in den Armen Christi und der seligsten Jungfrau und Gottesmutter Maria erwirke auch mir und all deinen Schutzbefohlenen einen dem deinigen ähnlichen Tod. Amen.

Gemeinschaftsgebet zum heiligen Josef

I. Gott hat ihn gesetzt zum Herrn seines Hauses

V. Lasst uns den Herrn lobpreisen! Lasst uns in Freude vor sein Antlitz treten!

A. Wir loben dich, Herr, und preisen deinen Namen ewiglich.

V. Herr Jesus Christus, wie wunderbar ist der heilige Josef durch dich begnadet worden! Von Ewigkeit ist er auserwählt, in deinem Erdenleben die Stelle eines Vaters zu vertreten. Er hat in Liebe sorgen dürfen für dich wie ein Vater.

A· Gott hat ihn gesetzt zum Herrn seines Hauses.

V. Tag für Tag hat er dir gedient und mit dir unter einem Dach gewohnt.

A. Herr, unser Gott, wie wunderbar ist deine Herablassung und Güte zu uns Menschen!

V. In deiner Liebe hast du uns alle in deine Nähe gerufen. Durch die Taufe sind wir aufgenommen in die große Familie der Kinder Gottes.

A. Wir sind nicht mehr Fremdlinge, sondern Mitbürger der Heiligen und Hausgenossen Gottes.

V. Darum hast du, Herr, auch bei uns Wohnung genommen. Nicht nur in deiner göttlichen Allgegenwart bist du uns nahe, sondern auch als Mensch bist du hier zugegen unter den Gestalten dieses heiligen Sakramentes.

A. Wir beten dich an und preisen dich im Sakrament deiner Liebe.

V. Zwar erkennen wir dich nur mit den Augen des Glaubens. Aber auch der heilige Josef hat dich in seinem Erdenleben nur im Glauben als den Sohn Gottes und den Erlöser der Welt erkannt.

A. Der Gerechte lebt aus dem Glauben.

V. Bitte für uns, heiliger Josef,

A. auf dass wir würdig werden der Verheißungen Christi.

V. Lasset uns beten! Göttlicher Heiland, du hast Wohnung bei uns genommen. Schenke uns auf die Fürsprache des heiligen Josef, den du so hoch begnadet hast, eine lebendigen Glauben an dich, unsern Herrn, und eine frohe Liebe zu dir, unsern Bruder und Freund, der du lebst und herrschest von Ewigkeit zu Ewigkeit.

A. Amen.

V. Ehre sei dem Vater und dem Sohn und dem Heiligen Geist,

A. wie im Anfang, so auch jetzt und alle Zeit und in Ewigkeit. Amen.

II. Bitten an den heiligen Josef

V. Heiliger Josef, als Kinder der Gottesfamilie kommen wir vertrauensvoll mit unseren Bitten zu dir, dem Haupt der Heiligen Familie. Du hast Vaterstelle eingenommen bei Gottes eigenem Sohn.

A. Sorge auch für uns, da wir durch Gottes Gnade Christi Brüder und Schwestern sind.

V. Als schlichter Handwerker hast du dich Tag für Tag gemüht im Dienste des Herrn.

A. Segne unsere Arbeit. Erbitte uns die rechte Meinung für all unser Tun.
V. Die Not der Armut und der Fremde ist dir nicht erspart geblieben.
A. Darum schaue mit Erbarmen auf die vielen, die heute schwer zu leiden haben.
V. Auch in schwerer Prüfung hast du das Gottvertrauen nicht verloren.
A. Erbitte auch uns jederzeit Starkmut und Vertrauen.
V. Du bist allezeit bereit gewesen auf den Ruf des Herrn.
A. Bitte für uns um Ergebung in den Willen Gottes.
V. Die jungfräuliche Mutter des Herrn ist dir anvertraut worden.
A. Sei unserer Jugend Schutzpatron, und segne alle, die sich in Keuschheit Gott geweiht haben.
V. In Liebe bist du stets deinem göttlichen Pflegesohn und der seligsten Jungfrau verbunden gewesen.
A. Erflehe auch uns eine innige Liebe zu Jesus, dem wir hier so nahe sein dürfe, und zu unserer himmlischen Mutter.
V. In ihren Armen hast du dein irdisches Leben beschlossen.
A. Bitte für uns in der Stunde unseres Todes. Amen.
V. Gott hat ihn gesetzt zum Herrn seines Hauses
A. und zum Fürsten über all seinen Besitztum.

V. Lasset uns beten! Gott und Vater, du hast in deiner unendlichen weisen Vorsehung den heiligen Josef zum Bräutigam der Mutter deines Sohnes erwählt. Auch wir verehren ihn als Beschützer und vertrauen auf seine Fürsprache bei dir, der du lebst und herrschest in Ewigkeit.

A. Amen.
V. Ehre sei dem Vater und dem Sohn und dem Heiligen Geist,
A. wie im Anfang, so auch jetzt und alle Zeit und in Ewigkeit. Amen.

III. Empfehlung an den heiligen Josef

V. Zu dir, heiliger Josef, fliehen wir in unsere Not. Vertrauensvoll bitten wir um deinen Schutz. Mit der heiligen Jungfrau und Gottesmutter verbindet dich innige Liebe. Das Jesuskind hast du mit väterlicher Liebe umsorgt. Darum flehen wir inständig:
A. Blicke liebevoll herab auf das Erbe, das Jesus Christus mit seinem Blut erkauft hat. Hilf uns mit starker Macht aus unserer Drangsal.
V. Du treusorgender Beschützer der Heiligen Familie, nimm das auserwählte Volk Jesu Christi unter deine Obhut. Halte fern von uns, geliebter Vater, alle Ansteckung durch Irrtum und sittliche Verderbnis.
A. Du starker Retter, steh uns vom Himmel aus gnädig bei im Kampf mit den Mächten der Finsternis.
V. Du hast einst das Kind Jesus aus höchster Lebensgefahr gerettet. Schütze auch die heilige Kirche Gottes vor allen Nachstellungen ihrer Feinde und vor jeglichem Schaden.
A. Nimm uns alle unter deinen väterlichen Schutz, damit wir nach deinem Vorbild und mit deiner Hilfe heilig leben, fromm sterben und so die ewige Seligkeit im Himmel erlangen. Amen.

V. Ehre sei dem Vater und dem Sohn und dem Heiligen Geist,

A. wie im Anfang, so auch jetzt und alle Zeit und in Ewigkeit. Amen.

Novenengebet, Litanei,Andacht wie am 10. März.

20. März

Heiliger Kirchenlehrer Bernhard von Clairvaux: „Erinnert euch beim Pflegevater Josef an einen großen Patriarchen, der ehemals nach Ägypten verkauft wurde und wisst, dass er nicht nur den Namen desselben erhielt, sondern dass er auch seine Keuschheit und Unschuld und hohe Würde erlangte."

Josef, filius accrescens: „Die Keuschheit und Treue des ersten Josef war ein Vorbild der Tugenden des Bräutigams der Jungfrau-Mutter."

Heiliger Kirchenlehrer Thomas von Aquin: „Wenn der Heiland seine Mutter keinem anderen als einem jungfräulichen Jünger empfahl, wie hätte er zugeben können, dass sie einen Mann geheiratet hätte, der nicht jungfräulich gewesen wäre?"

Gebet: Heiliger Josef, du Beschützer der Kinder und Jugendlichen, du treuer Wächter des Jesuskindes und seiner jungfräulichen Mutter, ich bitte dich im Namen Christi und Mariens, erwirke der Jugend und allen christlichen Ständen die Gnade, vor aller Unlauterkeit bewahrt zu bleiben, mit reinem Herzen Gott und der seligsten Jungfrau zu dienen und in diesem Dienste in vollkommener Keuschheit, Frömmigkeit und Gerechtigkeit auszuharren.

Novenengebet vom 20. – 28. März

1. Heiliger Josef, sei uns stets Helfer und Beschützer, damit wir die heiligmachende Gnade nie verlieren.
   - Vater unser …
   - Gegrüßet seist du, Maria … Jesus, der uns und all unsere Mitbrüder und Mitschwestern durch die Wunde seines linken Fußes und das kostbare Blut, das daraus geflossen ist, vor jeder Todsünde bewahren wolle.
     Heilige Maria, Mutter Gottes, und du, heiliger Josef, bittet für uns Sünder jetzt und in der Stunde unseres Todes. Amen.

2. Heiliger Josef, erlange uns und allen Christgläubigen Gnade und Stärke, um in jeder Anfechtung erfolgreich Widerstand leisten zu können.
   - Vater unser …
   - Gegrüßet seist du, Maria … Jesus, der uns und all unsere Mitbrüder und Mitschwestern durch die Wunde seines rechten Fußes und das kostbare Blut, das daraus geflossen ist, vor jeder Gelegenheit zur Todsünde bewahren wolle.
     Heilige Maria, Mutter Gottes, und du, heiliger Josef, bittet für uns Sünder jetzt und in der Stunde unseres Todes. Amen.

3. Heiliger Josef, erflehe uns Nachlass aller zeitlichen Sündenstrafen.
   - Vater unser …
   - Gegrüßest seist du, Maria … Jesus, der uns und all unsere Mitbrüder und Mitschwestern durch die Wunde seiner linken Hand und das kostbare Blut,

das daraus geflossen ist, von den wohlverdienten Strafen der Sünden gnädig befreien wolle.
Heilige Maria, Mutter Gottes, und du, heiliger Josef, bittet für uns Sünder jetzt und in der Stunde unseres Todes. Amen.

4. Heiliger Josef, sei uns in der Sterbestunde hilfreich und tröstend nahe und beschütze jene, die jetzt mit dem Tode ringen.
   - Vater unser …
   - Gegrüßest seist du, Maria … Jesus, der uns und all unsere Mitbrüder und Mitschwestern durch die Wunde seiner rechten Hand und das kostbare Blut, das daraus geflossen ist, vor einem jähen und bösen Tod bewahren wolle.
     Heilige Maria, Mutter Gottes, und du, heiliger Josef, bittet für uns Sünder jetzt und in der Stunde unseres Todes. Amen.

5. Heiliger Josef, erwirke uns die Gnade, von den Peinen des Fegfeuers verschont zu bleiben.
   - Vater unser …
   - Gegrüßest seist du, Maria … Jesus, der uns und all unsere Mitbrüder und Mitschwestern durch die Wunde seines heiligsten Herzens und das kostbare Blut, das daraus geflossen ist, vor den Qualen des Fegfeuers bewahren wolle.
     Heilige Maria, Mutter Gottes, und du, heiliger Josef, bittet für uns Sünder jetzt und in der Stunde unseres Todes. Amen.

Litanei zum heiligen Josef

Herr, erbarme dich unser
Christus, erbarme dich unser
Herr, erbarme dich unser
Christus, höre uns
Christus, erhöre uns

Gott Vater im Himmel – *erbarme dich unser*
Gott Sohn, Erlöser der Welt
Gott Heiliger Geist
Heiliger dreifaltiger Gott

Heilige Maria – *bitte für uns*
Heiliger Josef, der du nach dem Zeugnis des Heiligen Geistes ein Gerechter warst
Du Bräutigam der seligsten Jungfrau
Du, dem der Herr aller Herren untergeben war
Du weiser und umsichtiger Hausvater
Du treuer Begleiter und Tröster Marias
Du Vorbild der reinsten Keuschheit
Du Vorbild der tiefsten Demut
Du Vorbild der heiligen Liebe
Du Lehrmeister der Betenden
Du Zuflucht der Betrübten
Du Vater der Armen
Du Erhalter des Friedens
Du Schutz der Reisenden
Du unser liebreicher Fürsprecher und Patron
Du Schutzherr der heiligen Kirche

In all unseren Anliegen – steh uns bei, heiliger Josef
In all unseren Nöten

Durch deine Vermählung mit Maria – steh den christlichen Braut- und Eheleuten bei, heiliger Josef
Durch deine Erwählung zum Pflegevater Jesu – steh den Vätern und Müttern bei, heiliger Josef
Durch dein Arbeiten und Beschwerden – steh den Arbeitern in all ihren Nöten und Problemen bei, heili ger Josef
Durch dein Tugenden und Gnadenvorzüge – steh den Ordensleuten und Opferseelen bei, heiliger Josef
Durch deine Entbehrungen und Opfer auf der Flucht und im Exil – steh den Obdach- und Heimatlosen bei, heiliger Josef
Durch deine große Macht, die Gott dir verliehen hat – steh den christlichen Staatsmännern und Politikern bei, heiliger Josef
Durch deine Schmerzen und Leiden – steh den Verfolgten, Versuchten, Kranken und Betrübten bei, heiliger Josef
Durch deinen heiligen Tod – steh den Sterbenden bei und schirme auch uns in Not und Tod, heiliger Josef
Durch deine große Ehre und ewige Seligkeit – steh dem Stellvertreter Christi und der ganzen heiligen katholischen und apostolischen Kirche bei, heiliger Josef

Lamm Gottes, du nimmst hinweg die Sünden der Welt – verschone uns, o Herr
Lamm Gottes, du nimmst hinweg die Sünden der Welt – erhöre uns, o Herr
Lamm Gottes, du nimmst hinweg die Sünden der Welt – erbarme dich unser, o Herr

Andacht zu den sieben Schmerzen und Freuden des heiligen Josef

1. Heiliger Josef, schmerzlich bedrückte dich der Gedanke, deine reinste Braut verlassen zu müssen; unbeschreibliche Freude überkam dich daher, als ein Engel dir das große Geheimnis der Menschwerdung Gottes offenbarte.
   Hilf auch uns, immer nach Gottes Willen zu entscheiden, um mit Jesus und Maria ein wahrhaft christliches Leben zu führen.

   - Vater unser ...
   - Gegrüßet seist du, Maria ...
   - Ehre sei dem Vater ...

2. Heiliger Josef, traurig sahst du auf die Armut, in der das Jesuskind geboren wurde; wie freute sich jedoch dein Herz an den Lobgesängen der Engel und am Lichtglanz der Heiligen Nacht.
   Lass auch uns einst Gott in seiner Herrlichkeit mit dir lobpreisen.

   - Vater unser ...
   - Gegrüßet seist du, Maria ...
   - Ehre sei dem Vater ...

3. Heiliger Josef, groß war dein Schmerz über das vergossene Blut des göttlichen Kindes bei der Beschneidung; der Name Jesus aber erfüllte dich mit tiefer Freude.
   Bewahre uns in deiner Macht und Güte vor jeder schweren Sünde und hilf uns, mit den heiligsten Na-

men Jesu und Mariens im Herzen freudig zu leben und selig zu sterben.

- Vater unser ...
- Gegrüßet seist du, Maria ...
- Ehre sei dem Vater ...

4. Heiliger Josef, welch schweren Kummer verursachte dir die Weissagung Simeons von den Leiden Jesu und Mariens; das Heil und die Auferstehung vieler jedoch trösteten dich sehr.
   Wir bitten dich, mache uns stark, damit auch wir in festem Glauben und treuer Liebe zur ewigen Freude gelangen.

- Vater unser ...
- Gegrüßet seist du, Maria ...
- Ehre sei dem Vater ...

5. Heiliger Josef, gehorsam, aber voll Sorge nahmst du das Kind und seine Mutter, um nach Ägypten zu fliehen; doch groß war deine Freude, Gottes Sohn stets bei dir zu haben.
   Lass uns mit deiner Hilfe jede gefährliche Gelegenheit meiden und so den höllischen Feind fernhalten, damit wir immer wie du mit Jesus und Maria vereint Gott lieben und ihm dienen.

- Vater unser ...
- Gegrüßet seist du, Maria ...
- Ehre sei dem Vater ...

6. Heiliger Josef, schmerzlich bedrückte dich die Furcht vor dem Nachfolger des Herodes bei der Rückkehr aus Ägypten; doch die Weisung eines Engels, wieder nach Nazaret zu ziehen, wandelte sie in Freude.
   Wir bitten dich, halte auch unser Herz frei von schädlicher Furcht und bewahre uns die innere Ruhe im Vertrauen auf die weise Führung Gottes.

   - Vater unser ...
   - Gegrüßet seist du, Maria ...
   - Ehre sei dem Vater ...

7. Heiliger Josef, in quälender Sorge suchtest du mit Maria, deiner teuersten Braut, nach dem verlorenen Jesus; welch tröstliche Freude erfüllte dich daher, ihn nach drei Tagen im Tempel wiederzufinden.
   Lass uns, wir bitten dich flehentlich, in schwerer Sünde nicht eher Ruhe finden, bis wir reumütig im Sakrament der Buße den Frieden mit Gott wiedererlangt haben.

   - Vater unser ...
   - Gegrüßet seist du, Maria ...
   - Ehre sei dem Vater ...

21. März

Heiliger Märtyrerbischof Ignatius: „Unser Gott Jesus Christus ist geboren aus Maria nach Anordnung Gottes als Nachkomme Davids aus dem Heiligen Geist. Erste Aufgabe des heiligen Josef: Er wurde von Gott an die Seite Mariens gestellt, um Jesus nach dem Gesetze des Moses mit dem Stamme zu verbinden. Zweite Aufgabe: Er sollte Mariens Jungfräulichkeit als ihr jungfräulicher Lebensgefährte schirmen."

Franz Suarez SJ: „Der heilige Josef steht als der von Gott beauftragte Schirmer der wunderbaren Jungfrau da, als die sichtbar gewordene Vorsehung. Er ist der erste auf Erden, der die ganze Höhe des Gottesplanes erfahren und erfasst hat, dass es im Neuen Bunde Menschen geben soll, die um des Himmelreiches willen auf allen irdischen Sinnentrost verzichten wollen. Damit steigt der bescheidene Sohn Davids zu einer Größe empor, die sein Schutzamt über die wunderbare Jungfrau in die ganze katholische Welt ausweitet. Er hält seine schirmende Hand über die große Schar derer, die im neuen Jerusalem, „ein Lied singen, das niemand singen kann und dem Lamme folgen, wohin immer es geht". So ist er vor allem Patron des Ordensstandes. Entschwindet er aber damit nicht dem Christen, der zu dieser einsamen Höhe nicht berufen ist, sondern der in Treue zu Gott den Weg der christlichen Ehe zu gehen sich bemüht? O nein! Das ist das Einzigartige am heiligen Josef, dass er sowohl Behüter der Jungfrau wie Ehegemahl ist, selbst jungfräulich und doch Vater."

Gebet: Heiliger Vater Josef, halte schirmend deine Hände über den geistlichen und den ehelichen Stand. Erflehe von Gott den christlichen Eltern die Gnade, ihre Kinder in heiliger Zucht und liebender Strenge zu erziehen. Erbitte mit Maria, der Rosa Mystica, viele heilige Priester- und Ordensberufe, die die edelsten Früchte einer heiligen Ehe sind. Hilf den Vätern und Müttern und ganz besonders auch den Kindern, das tägliche Familiengebet, vor allem den heiligen Rosenkranz, treu und beharrlich zu pflegen, damit das Wohlgefallen Gottes auf ihnen ruhe und Friede und gegenseitige Liebe nie von ihnen weiche. Lass in alle Klöster und Ordensgemeinschaften den vorbildlichen Geist des Heiligen Hauses von Nazaret, den Geist des demütigen Dienens, des Schweigens und Betens eindringen. Amen.

Novenengebet, Litanei, Andacht wie am 20. März.

22. März

Heiliger Bernhardin von Siena: „Bedenke, in welchem Verhältnis der heilige Josef zur ganzen Kirche Christi steht: Ist er nicht der auserwählte Mann von einziger Würde, durch den und unter dem Christus in Ordnung und Ehre in die Welt eingeführt ward? Wenn also die ganze heilige Kirche Schuldnerin der Gottesmutter ist, weil sie gewürdigt wurde, durch diese Christus zu empfangen, so schulden wir sicherlich nach ihr dem heiligen Josef eine ganz besondere Dankbarkeit und Verehrung. Ist er doch der Schlüssel des Alten Bundes, in dem die Würde der Patriarchen und Propheten die verheißene Frucht erlangt. Der Einzige ist er, der leiblich besaß, was jenen die göttliche Gnade verheißen. Und so wird er mit Recht durch den Patriarchen Josef dargestellt, der dem Volk das Getreide bewahrte. Indessen ragt er hoch über jenen empor, da er nicht bloß Ägyptern das leibliche Brot des Lebens gab, sondern für alle Auserwählten das Brot vom Himmel, welches das himmlische Leben verleiht, das er (als Pflegevater) voll Hingabe ernährt hat."

Papst Pius XI.: „Um den von allen ersehnten Frieden im Reiche Christi bald herbeizuführen, stellen wir die große Aktion der katholischen Kirche gegen den atheistischen Weltkommunismus unter den Schutz des mächtigen Schirmherrn der Kirche, des heiligen Josef. Er gehörte dem arbeitenden Stande an und erfuhr die Last der Armut für sich und die Heilige Familie, deren wachsames und liebevolles Haupt er war. Ihm war das göttliche Kind anvertraut, als Herodes seine Meuchelmörder nach ihm aussandte. Mit gutem Grund wurde Josef „der Gerechte" genannt, das lebendige Beispiel jener christlichen Gerechtigkeit, die im sozialen Leben herrschen soll."

Gebet: Zu dir, o seligster Josef, fliehen wir in unserer Trübsal. Wie wir deine hochheilige Braut um Hilfe angefleht haben, so bitten wir voller Vertrauen auch um deinen Schutz. Bei der Liebe, welche dich mit der unbefleckten Jungfrau und Gottesmutter verbunden, und bei der väterlichen Zärtlichkeit, mit der du das Jesuskind umfangen hast, flehen wir dich an, du wollest in Milde hinblicken auf das Erbe, das Jesus Christus mit seinem Blut erworben hat, und in unseren Bedrängnissen mit deinem mächtigen Beistand uns helfen. Wache, o fürsorglicher Beschützer der Heiligen Familie, über die auserwählte Schar der Kinder Jesu Christi! Halte fern von uns, o liebreicher Vater, alle Ansteckung durch Irrtum und Verderbnis. Stehe vom Himmel her uns gnädig bei, du unser starker Helfer, im gegenwärtigen Kampf mit den Mächten der Finsternis. Und wie du einst das Jesuskind aus der höchsten Lebensgefahr errettet hast, so verteidige jetzt die heilige Kirche

Gottes gegen die Nachstellungen der Feinde und alle Widerwärtigkeit. Nimm uns alle unter deinen beständigen Schutz, auf dass wir nach deinem Beispiel und mit deiner Hilfe heilig leben, selig sterben und die ewige Seligkeit im Himmel erlangen mögen. Amen. *(Papst Leo XIII.)*

Novenengebet, Litanei, Andacht wie am 20. März.

23. März

Papst Johannes XXIII.: „Ich liebte ihn immer, den Heiligen im Arbeitskittel und setzte auf ihn stets mein ganzes Vertrauen und niemals enttäuschte er mich. Auch jetzt, wenn mich als Oberhaupt der Christenheit schwere Sorgen drücken, wende ich mich an ihn, den stillen Heiligen an der Hobelbank, der zugleich der Schutzherr der Kirche ist, wie er sich einst schützend vor Maria und ihr göttliches Kind stellte."

Papst Johannes Paul II.: „Die Kirche verehrt Josef auch als Handwerker, als Mann der Arbeit. Er ist der Alleinige und Einzige gewesen, an dessen Arbeitsbank sich jeden Tag Jesus Christus einfand, Sohn Gottes und Menschensohn. Er ist es, Josef von Nazaret, der ein für allemal den Sohn Gottes mit der menschlichen Arbeit verbunden hat. Dank ihm gehört auch Christus selber zur Welt der Arbeit und bezeugt deren höchste Würde vor den Augen Gottes."

Papst Leo XIII.: „Er muss das Vorbild für alle sein, ganz besonders für die Familienväter und die Arbeiter."

Gebet: Glorreicher Patriarch, heiliger Josef, du getreuer Pflegevater des Erlösers, du reinster Bräutigam der seligsten Jungfrau Maria! Dir empfehle ich alle körperlich und geistig Arbeitenden unseres Landes. Um deiner großen Verdienste willen, die ich bewundernd ehre, bitte ich vertrauensvoll: Hilf unserer Arbeiterschaft, deine Tugenden nachzuahmen, die Andacht zu dir nach Kräften zu üben und die andern zu fördern. Möge der Heilige Geist um deiner Treue und erhabenen Würde willen verhindern, dass in christlichen Arbeiterkreisen irgend etwas gegen dich und deine Ehre gesprochen oder getan werde! Sei den christlichen Arbeitern der ganzen Welt Lehrer und Führer in all ihren Handlungen. Sei ihnen Helfer und Tröster in all ihren Nöten und Widerwärtigkeiten des Lebens. Verteidige und beschütze sie in allen Versuchungen der Seele und des Leibes und stehe ihnen bei in der Stunde des Todes. Amen.

Du, o Gott, hast uns Kräfte des Leibes und Gaben des Geistes verliehen. Du willst, dass wir mit ihnen wirken, zu deiner Ehre und zum Wohl der Menschen. Durch den heiligen Josef weihen wir dir unsere Arbeit. Du hast die einen berufen, das Feld zu bestellen, zu säen und zu ernten für das Volk. Du willst, dass andere durch ihrer Hände Arbeit Nahrung und Kleidung bereiten für ihre Mitmenschen. Wieder andere hast du dazu berufen, dass sie dir und dem Volk dienen an der Werkbank und in den Fabriken, im Haushalt und im Geschäft. Vielen hast du den Auftrag gegeben, dass sie auf den Wegen des Verkehrs, zu Land, zu Wasser und in der Luft dir und dem Volk dienen. Du hast wieder andere dazu berufen, dass sie durch die Arbeit des

Geistes ihren Mitmenschen dienen in der Führung des Staates, in Technik, Kunst und Wissenschaft.

Jesus Christus, du hast den heiligen Josef in einem unscheinbaren Beruf die höchste Lebensaufgabe eines Menschen erfüllen lassen. Du hast durch deiner Hände Arbeit selbst all unser Mühen und Arbeiten geheiligt. Lass durch die Fürsprache des heiligen Josef das Werk deiner Erlösung auch in unserer Berufsarbeit wirksam werden. Amen.

Novenengebet, Litanei, Andacht wie am 20. März.

24. März

Johannes Hümmeler: „Der heilige Josef war zu Lebzeiten so arm und verachtet, dass selbst dem Menschensohn gelegentlich die anscheinend niedrige Abstammung zum Vorwurf gemacht wurde."

Heiliger Epiphanias: „Obgleich arm und dürftig, in ganz gewöhnlichen Verhältnissen lebend, obgleich vor den Augen der Welt unbekannt und ungeachtet, war doch vor dem Angesichte Gottes keiner edler und reicher als Josef, weil keiner zu einer solchen Auszeichnung erhoben wurde."

Gebet: Heiliger Josef, du großer Freund der heiligen Armut, erbitte uns Losschälung vom Irdischen, den wahren Sinn für die Armut im Geiste, die Jeus in der Bergpredigt selig gepriesen hat. Erflehe uns Demut, Herzensreinheit, Sanftmut und Ergebenheit in Gottes heiligen Willen, großen Eifer im Dienst Gottes, ein barmherziges Herz für die Armen und Leidenden, auf

dass wir als wahre Brüder und Schwestern deines geliebten Pflegesohnes Jesu Christi uns deines ständigen Schutzes und deiner Fürbitte würdig erweisen.
Lehre alle Christen, alle Stände nach deinem Beispiel zu leben, die heilige Armut zu lieben und Jesu Gebot der Nächstenliebe zu üben. Sei Lehrer und Berater der Hohen und Niedrigen, der Reichen und Armen, der Herrschenden und Untergebenen, der Freien und Geknechteten. Sei uns allen Vorbild in Glück und Unglück, in Freud und Leid, in Wohlfahrt und Widerwärtigkeit. Erbitte uns allen treue Beobachtung der göttlichen Gebote. Erwirke uns einen tugendhaften, gerechten Sinn und einen frommen Lebenswandel, damit wir einst verdienen, von Gott in die ewigen Freuden aufgenommen zu werden. Amen.

Novenengebet, Litanei,Andacht wie am 20. März.

25. März

Papst Johannes Paul II.: „Die Kirche verbindet ihren Ursprung auch mit dem Glauben Josefs von Nazaret. Was aus seiner ganzen Gestalt strömt, ist der Glaube, das wahre Erbe des Glaubens Abrahams. Sein Glaube hat die nächste Ähnlichkeit zum Glauben Marias. Beide sind durch dieses wunderbare Band vereint. Josef ist ein gerechter Mann, weil er ganz aus dem Glauben lebt. Er ist heilig, weil sein Glaube wahrhaft heroisch ist. Die Heilige Schrift spricht wenig von ihm. Sie registriert nicht einmal ein Wort, das Josef gesprochen hat. Trotzdem beweist er auch ohne Worte die Tiefe seines Glaubens. Der heilige Josef ist groß mit dem Geist; er ist groß im Glauben, nicht weil er eigene Worte spricht, sondern vor allem, weil er die Worte des lebendigen Gottes hört. Er hört sie in Schweigen. Sein Herz harrt aus in der unaufhörlichen Bereitschaft, die Wahrheit anzunehmen, die im Wort des lebendigen Gottes liegt, um sie mit Liebe aufzunehmen und zu erfüllen."

Heiliger Bischof Franz von Sales: „Der Engel befahl ihm, sich eilends zu erheben, sich auf den Weg zu machen und die seligste Jungfrau mit dem geliebten Kind nach Ägypten zu führen. Augenblicklich erhob er sich, erwiderte kein Wort, fragte nicht: „Wohin soll ich gehen? Welchen Weg soll ich nehmen? Wie sollen wir uns ernähren und erhalten? Wer wird uns aufnehmen?" Es sprach der Engel, er solle nach Ägypten ziehen: Er ging hin. Er befahl ihm heimzukehren: Josef kehrte heim. So blieb er allzeit der gleiche, allzeit liebreich, allzeit ruhig und beständig in der demütigen Unterwerfung unter den Willen Gottes, von dem er sich weisen und leiten ließ. Denn weil er gerecht war, vereinigte er seinen Willen allzeit mit dem göttlichen."

Gebet: Heiliger Josef, mit Wonne betrachte ich die ersten Jahre deines verborgenen Lebens. Wie kostbar war deine Kindheit vor Gott, wie schön, wie reich an Verdiensten deine Jugend! Wie unvergleichlich waren erst deine späteren Jahre, rein an Glaube, Hoffnung und Liebe, Demut, Gehorsam und all den andern Tugenden. Maria, deine reinste Braut, wurde um ihres Glaubens willen von Elisabet gepriesen mit den Worten: „Selig bist du, da du geglaubt hast, dass in Erfüllung gehen wird, was dir vom Herrn verkündet worden ist" (Lk 1, 45).

Auch du, heiliger Patriarch, sei gepriesen, weil du den Befehlen des Engels glaubend gehorcht hast. Heiliger Josef, Mann des Glaubens und des Gehorsams, inständig bitte ich dich: Erhalte und vermehre in mir und allen Christgläubigen die heilige Tugend des Glaubens. Schenke den Suchenden deine Führung. Erwirke allen, die noch nicht das Gewand der heiligmachenden Gnade empfangen haben, das Sakrament der heiligen Taufe, damit ihnen die göttlichen Tugenden Glaube, Hoffnung und Liebe eingegossen werden. Hole die verirrten und dem heiligen Glauben untreu gewordenen Seelen in den Schoß der Mutter Kirche zurück. Lehre uns alle, demütig und kindlich zu glauben und gehorsam den Willen Gottes zu tun. Im Namen Jesu bitte ich dich inbrünstig und unaufhörlich: Sorge in deiner Güte für unser Vaterland und unseren Erdteil, damit sie erneut im christlichen Glauben aufblühen und reiche Frucht für den Himmel bringen. Dir verweigert Christus nichts und so wird dein Einsatz zu Gottes Ruhm und unserem Heile sein. Großer treuer Mann des Glaubens, erhöre dieses heiße Flehen. Amen.

Novenengebet, Litanei,Andacht wie am 20. März.

26. März

Heiliger Kirchenlehrer Thomas von Aquin: „Anderen Heiligen hat Gott nur gewährt, in gewissen Anliegen Menschen beizustehen. Der heilige Josef aber ist gleich dem ägyptischen Josef zum Haushalter und allgemeinen Ausspender der göttlichen Gnadenschätze bestellt, so dass man in jeglichem Anliegen zu ihm als dem allgemeinen Nothelfer gehen und sichere Hilfe erwarten kann."

Gebet: Heiliger Josef, dessen Fürsprache bei der heiligsten Dreifaltigkeit in der ganzen heiligen Kirche als mächtig gepriesen wird, dir empfehle ich die Kinder und Jugendlichen unserer Heimat. Segne und belehre Eltern, Lehrer und Erzieher. Sei mir und den Familien dieser Nation immer fürbittend nahe.

Heiliger Pflegevater und Ernährer Christi, einst wurde durch den ägyptischen König auf Josef, dein Vorbild, hingewiesen mit den Worten: „Geht hin zu Josef und was er euch sagt, das tut!" Erbarme dich in deiner väterlichen Liebe aller Hungrigen, Obdachlosen, ihrer Heimat Beraubten, Verfolgten und Bedrängten aller Art und hilf ihnen. Mache wohlhabende Menschen hellhörig für die Not der andern. Erwirke den Erdbewohnern dieser Zeit den Frieden des Heiligen Geistes, damit keiner wegen der Bosheit seines Bruders zittern muss. Erinnere durch die heiligen Schutzengel alle Dürftigen, Notleidenden, Geängstigten und Betrübten unserer Zeit daran, dass du ihnen helfen kannst und willst, besonders, wenn sie dich in deinen Tugenden: Demut, Keuschheit, Sanftmut, Geduld, Gehorsam, Liebe und Treue beharrlich nachahmen.

Heiliger Josef, bitte täglich Jesus, den Sohn Gottes, für uns, damit wir geschützt mit den Waffen seiner Gnade im Leben gesetzmäßig kämpfen und von ihm im Tod gekrönt werden. Amen.

Novenengebet, Litanei, Andacht wie am 20. März.

27. März

Heiliger Bernhardin von Siena: „Von den Dienern Gottes sagt die Schrift: „Alle, die Gott wohlgefällig waren, gingen durch viele Trübsale und verharrten in der Treue." Dieses Lob verdient wie kein anderer der heilige Josef. In Geduld und Starkmut stand er in Leid und Not würdig an der Seite seiner jungfräulichen Braut, der Königin der Märtyrer."

Heiliger Chrysostomus: „Gott verfuhr mit dem Heiliger Josef, wie er überhaupt seine Diener zu behandeln pflegt. Er schickt ihnen Prüfungen, um ihre Herzen von den Schlacken der Eigenliebe zu reinigen, doch so, dass er ihrer Bitterkeit das Süße der Tröstungen beimischt."

Gebet: Seliger Patriarch, heiliger Josef, dem der ewige Vater das kostbarste Kleinod seines Herzens: seinen eingeborenen Sohn, im Gewand unserer Sterblichkeit zu getreuer Hut und Pflege übergab, sei gegrüßt! Ich bitte dich durch die große Liebe des himmlischen Vaters und durch den kindlichen Gehorsam Jesu, seines eingeborenen Sohnes, dessen zarte Kindheit du mit väterlicher Treue pflegtest, nimm mich unter deinen Schutz. Ich empfehle dir meinen Leib und meine Seele. Erzeige dich mir als liebreicher Vater in den Nöten dieses Lebens und erwirke mir durch deine wunderbare Heiligkeit die Gnade heiliger und standhafter Keuschheit.

Schaue voll Mitleid auf die Schmerzgeplagten, Kranken und Invaliden der ganzen Welt. Deiner ständigen Obsorge übergebe ich die Mütter und ihr werdendes Kind. Stärke die Gemarterten und um Jesu willen Gequälten, damit sie ausharren und die Siegespalme empfangen dürfen auf ewig. Amen.

Novenengebet, Litanei, Andacht wie am 20. März.

28. März

Heiliger Bischof und Kirchenlehrer Franz von Sales: „Bei einem Heiligen, der im Leben so sehr geliebt hat, muss auch das Sterben Liebe gewesen sein! Da er den Dienst vollendet hatte, der ihm aufgetragen war, was blieb noch übrig, als dass er zum ewigen Vater sagte: ‚Mein Vater, ich habe das Werk vollbracht, das du mir aufgetragen' und danach zum Sohn: ‚O mein Kind, wie dein himmlischer Vater bei deinem Eingang in diese Welt deinen Leib in meine Hände gegeben, so befehle ich scheidend meinen Geist in deine Hände!' So steht mir der Tod dessen vor Augen, der auserlesen war, die liebreichsten Dienste zu tun, die dem Sohn jemals erwiesen wurden – nächst denen seiner himmlischen Braut, der wahren natürlichen Mutter seines Sohnes."

Heiliger Bernhardin von Siena: „Wir dürfen mit aller Zuversicht glauben, dass Christus die Vertraulichkeit, die Ehrerweisung und die erhabene Stellung, deren er Josef auf Erden würdigte, indem er sich zu ihm wie ein Sohn zum Vater verhielt, im Himmel keineswegs verleugnete, dass er sie vielmehr erfüllte und vollendete. Und so heißt es nicht umsonst in jenem Wort des Herrn: „Geh ein in die Freude deines Herrn!" Obwohl die Freude in das Herz des Menschen geht, hat es der Herr doch vorgezogen zu sagen: „Geh ein in die Freude deines Herrn", damit geheimnisvoll angedeutet werde, dass jene Freude nicht nur sein Inneres erfüllen, sondern ihn von allen Seiten umgebe und gleichsam in einen unendlichen Abgrund versenke. So gedenke, denn unser, o heiliger Josef, und deine Fürbitte helfe uns bei ihm, der für deinen Sohn gegolten!"

Gebet: Großer Heiliger, der du jener gute und getreue Diener warst, dem Gott die Sorge seiner Familie aufgetragen, der du das Glück hattest, mit Jesus und Maria zu legen, ihnen die Dienste eines Vaters und Gatten zu leisten und unter ihrem Beistand zu sterben.

Zu dir nehme ich meine Zuflucht und hoffe auf deine mächtige Fürbitte bei Gott. Erwirke mir die Gnade, dich in deinem Tugendstreben möglichst vollkommen nachzuahmen. Hilf mir, rein, fromm, gerecht, arbeitsam, geduldig, dienstfertig, liebreich und Gott wohlgefällig zu sein. Dir empfehle ich besonders meine Sterbestunde. Begleite mich dann vor den Richterstuhl Gottes und lege väterliche Fürsprache für mich bei Jesus, deinem Pflegesohn, ein. Um deiner Fürbitte willen wird er mich aufnehmen und der Gnade teilhaftig machen, ihn mit dir in alle Ewigkeit zu loben und zu preisen. Amen.

Gott Vater im Himmel! Ich bitte dich mit dem heiligen Josef im Namen Jesu und Mariens: Verzeih mir alle Sünden, Versäumnisse und Verirrungen meines Lebens.

Gott Vater im Himmel! Ich bitte dich mit dem heiligen Josef im Namen Jesu und Mariens: Verleihe mir die Gnade, dir in diesem Leben nach deinem heiligsten Willen allzeit treu zu dienen.

Gott Vater im Himmel! Ich bitte dich mit dem heiligen Josef im Namen Jesu und Mariens: Erbarme dich meiner in der Todesstunde und nimm mich in die ewige Seligkeit auf. Amen.

Novenengebet, Litanei, Andacht wie am 20. März.

29. März

Heiliger Bernhardin von Siena: „Eine allgemeine Regel beherrscht die Weise, in welcher alle besonderen Gnaden vernunftbegabten Geschöpfen mitgeteilt werden: Wenn Gott jemanden zu einem erhabenen Stand erwählt, so schenkt er ihm alle Gnaden, die zur Ausübung seines Amtes notwendig sind, und zwar in solcher Fülle, dass ihr Reichtum ihn schmückt und ehrt. In höchstem Sinn trifft dies für den heiligen Josef zu, der als Vater Jesu Christi, unseres Herrn, galt und der wahre Bräutigam jener war, die da Königin der Welt und Herrin der Engel ist, den der ewige Vater zum Ernährer und Hüter seiner kostbarsten Schätze: seines Sohnes und seiner Braut erwählte, und der dieses Amt aufs getreueste verwaltete."

Heiliger Kirchenlehrer Thomas von Aquin: „Diejenigen, die Gott zu etwas auserwählt, bereitet er vor und stattet er aus, so dass sie zu dem Amt, wozu er sie bestimmt, tauglich befunden werden."

Heiliger Leonhard von Porto Maurizio: „Josef, der Mann Mariä …" (Mt 1). Sehr schön sagt unser heiliger Bernhardin von Siena: ‚Gott vereinte mit dieser gebenedeiten Jungfrau keine andere Wirksamkeit und Tugend als eine solche, die der ihrigen höchst ähnlich war.' Schweigen also auch die Evangelisten und übergehen fast alles, was sie von den hohen Vorzügen und vollkommenen Tugenden zu seinem Ruhm hätten sagen können, so genügt mir schon dies eine, dass sie ihn den Mann Mariä nennen. Das heißt: Unter allen Lebenden war er dem vollkommensten Werk, das im Bereich der schöpflichen Wesen aus den Händen Gottes hervorging, am ähnlichsten.

Mann Mariä – das heißt: am nächsten jener erhabenen Größe, die über die Sterne reicht, bis in den Himmel sich schwingt und aus dem Schoß des ewigen Vaters den eingeborenen Sohn zu eigen empfängt.

Mann Mariä – das heißt: ein Herz und eine Seele mit jenem Herzen und jener Seele, die das Herz und die Seele des Gottessohnes trägt. Und war Maria die Morgenröte, die der göttlichen Sonne voranging, so war Josef der Horizont, der von ihrem süßen Glanz erleuchtet wurde."

Gebet: Heiliger Josef, Bräutigam Marias und Nährvater Christi, da du nach der Mutter Jesu wie kein anderer Mensch dem Herrn so nahe standest, welche Gnaden hast du nicht, kraft deines hohen Amtes und Ansehens, auszuteilen! Du bist ja der besondere Beschützer derer, die nach dem vollkommenen inneren Leben trachten. Ich erwähle dich zu meinem Patron und Schutzherrn. Auch stelle ich all meine Probleme und Nöte deiner Fürbitte und Obsorge anheim. Du kennst meine Bedürfnisse und das große Vertrauen, das ich auf dich setze.

Gepriesen seist du, heiliger Josef, den Gott der reinsten Jungfrau Maria zum Bräutigam gab.

Gepriesen seist du, heiliger Josef, denn du trugst Jesus, das ewige Wort, in seiner zarten Kindheit auf deinen Armen.

Gepriesen seist du, heiliger Josef, weil der Knabe Jesus dich durch seinen Gehorsam ehrte.

Gepriesen seist du, heiliger Josef, weil Jesus mit dir in verborgener Einsamkeit zu Nazaret wohnte.

Gepriesen seist du, heiliger Josef, weil du für ihn im Schweiße deines Angesichtes den Lebensunterhalt verdientest.

Gepriesen seist du, heiliger Josef, weil du seine göttlichen Worte vernahmst und seine Lehren mit demütigem Herzen befolgtest.

Gepriesen sei dein Beten und Arbeiten, Wachen und Schlafen, Tun und Lassen in der Gesellschaft Jesu und Mariens.

Heiliger Josef, schenke die Gnade des innerlichen Lebens, der Frömmigkeit und der Andacht mir und allen, die danach verlangen. Du großer Helfer der Unentschlossenen in der Berufs- und Standeswahl, du Beschützer der priesterlichen und jungfräulichen Seelen, du Tröster der Betrübten, du Freund der Armen, Verlassenen und Kranken, du Patron der Sterbenden, komm allen zu Hilfe, die deinen Beistand so dringend nötig haben. Dir sei dafür in Ewigkeit Dank gesagt. Amen.

Kurzandacht zu den sieben Schmerzen und Freuden des heiligen Josef

1. Zu Ehren der Schmerzen und Freuden des heiligen Josef um das Geheimnis der jungfräulichen Gottesmutterschaft Mariens:

   - Vater unser …
   - Gegrüßet seist du, Maria …
   - Ehre sei dem Vater …

2. Zu Ehren der Schmerzen und Freuden des heiligen Josef bei der Geburt Christi im Stall zu Betlehem:

- Vater unser ...
- Gegrüßet seist du, Maria ...
- Ehre sei dem Vater ...

3. Zu Ehren der Schmerzen und Freuden des heiligen Josef bei der Beschneidung und Namensgebung Jesu:

- Vater unser ...
- Gegrüßet seist du, Maria ...
- Ehre sei dem Vater ...

4. Zu Ehren der Schmerzen und Freuden des heiligen Josef bei der Aufopferung Jesu im Tempel:

- Vater unser ...
- Gegrüßet seist du, Maria ...
- Ehre sei dem Vater ...

5. Zu Ehren der Schmerzen und Freuden des heiligen Josef auf der Flucht, in Ägypten und in Nazaret:

- Vater unser ...
- Gegrüßet seist du, Maria ...
- Ehre sei dem Vater ...

6. Zu Ehren der Schmerzen und Freuden des heiligen Josef um den zwölfjährigen Jesusknaben in Jerusalem:

- Vater unser ...
- Gegrüßet seist du, Maria ...
- Ehre sei dem Vater ...

7. Zu Ehren der Schmerzen und Freuden des heiligen Josef bei seinem Heimgang:

- Vater unser …
- Gegrüßet seist du, Maria …
- Ehre sei dem Vater …

Litanei zu Ehren der Heiligen Familie Jesus, Maria und Josef

Herr, erbarme dich unser
Christus, erbarme dich unser
Herr, erbarme dich unser
Christus höre uns
Christus, erhöre uns

Gott Vater im Himmel – *erbarme dich unser*
Gott Sohn, Erlöser der Welt
Gott Heiliger Geist
Heiliger dreifaltiger Gott

Heilige Maria – *bitte für uns*
Heiliger Josef
Maria, du Braut des keuschesten Bräutigams
Josef, du Bräutigam der allerreinsten Jungfrau Maria,
Jungfräuliche Gemahlin des gerechten Mannes Josef
Jungfräulicher Gemahl der Gebenedeiten unter den Frauen
Maria, Jungfrau und Mutter
Josef, treuer Beschützer deiner Angetrauten
Maria, Mutter des Sohnes Gottes
Josef, Nährvater Jesu Christi
Maria, Gebärerin des Weltheilands

Josef, Ernährer des Jesuskindes
Maria, Fürsorgerin des menschgewordenen Wortes
Josef, Pfleger der Kindheit Jesu
Maria, Beschützerin des Erlösers
Josef, treuer Führer des Sohnes Davids
Maria, die den Verheißenen Israels aufzog
Josef, der den Retter des Volkes Israel beherbergte
Maria, die den Sohn des Allerhöchsten liebreich pflegte
Josef, du auserwählter Beschirmer des Herrn
Maria, du erhabenes Vorbild der stillen Demut
Josef, du Beispiel des vollkommenen Gehorsams
Maria, du makellose Braut des Heiligen Geistes
Josef, du unbefleckte Lilie der Reinheit
Maria, du Vorbild aller Ehefrauen und Mütter
Josef, du Vorbild aller Ehemänner und Väter

Jesus Christus, höre uns
Jesus Christus, erhöre uns
Wir Sünder – wir bitten dich, erhöre uns

Dass du allen christlichen Brautleuten die reinste Absicht erteilen wollest
Dass du allen Eheleuten den Frieden und die christliche Liebe erhalten wollest
Dass du ihnen die standesmäßige Reinheit und Treue verleihen wollest
Dass du allen geistlichen und weltlichen Vereinigungen Ruhe und Eintracht schenken wollest
Dass du allen Eltern die Gnade der christlichen Kindererziehung mitteilen wollest
Dass du den Hausvätern und Hausmüttern Gottesfurcht und Ordnungsliebe erhalten wollest

Dass du uns mit Maria und Josef in der Todesstunde beistehen wollest
Dass du mit Maria und Josef die Armen Seelen des Fegfeuers in die ewigen Freuden holen mögest

Jesus, Maria und Josef – seid in unseren Gedanken
Jesus, Maria und Josef – seid in unseren Herzen
Jesus, Maria und Josef – in all unseren Anliegen erhöret uns

Lamm Gottes, du nimmst hinweg die Sünden der Welt – verschone uns, o Herr
Lamm Gottes, du nimmst hinweg die Sünden der Welt – erhöre uns, o Herr
Lamm Gottes, du nimmst hinweg die Sünden der Welt – erbarme dich unser

Ewiger Vater!
Auf die Fürsprache des Ernährers Christi gewähre uns:
Dass wir treue Diener Jesu, Mariens und Josefs werden,
dass wir die Namen Jesus, Maria und Josef immer ehrfürchtig und liebevoll aussprechen,
dass wir in aller Gefahr und Not unsere Zuflucht zu Jesus Maria und Josef nehmen,
dass wir Jesus, Maria und Josef immer mehr nachahmen,
dass Jesus, Maria und Josef uns und allen Christgläubigen jederzeit, besonders aber in der Todesstunde hilfreich nahe bleiben. Amen.

30. März

Bischof und großer Kanzelredner J. B. Bossuet: „Du, glückseliger Josef, bist würdig befunden worden, aus dem heiligen Tempel den „heiligen Tempel“ Maria, die einzige unter den Frauen, welche immerdar Jungfrau war, zu empfangen *(griech. Liturgie vom Fest des heiligen Josef)*. Zwei Jungfräulichkeiten sind es, die sich vereinigen, um sich für alle Ewigkeit zu bewahren. Wer könnte die Liebe beschreiben, von der diese Ehe beseelt war? Denn deine Flammen, o heilige Jungfräulichkeit, waren umso stärker, weil sie reiner und freier vom Irdischen waren!“

Der fromme und gelehrte Gerson: „O unvergleichliche Wunder! Die Mutter Gottes, die Königin des Himmels, nennt dich ihren Herrn, der menschgewordene Sohn Gottes nennt dich seinen Vater und gehorcht dir!“

Heiliger Bischof und Kirchenlehrer Franz von Sales: „O wie verlangt es mich, zu euch von der Größe dieses gebenedeiten Heiligen zu reden, den unser Herz liebt, weil er die „Liebe unseres Herzens“ und das „Herz unserer Liebe“ ernährt hat! Ich flehe zu diesem großen Heiligen, der unseren Erlöser so oft in den Schlummer gewiegt, er möge euch die inneren Tröstungen erlangen, deren ihr für den Fortschritt eurer Liebe zum Erlöser bedürft und auf euch in tausendfältiger Segnung die Überfülle inneren Friedens herabströmen lassen.“

Papst Leo XIII.: „Als ‚Haupt der Heiligen Familie von Nazaret‘ schirmt er mit seinem Schutz die Kirche, denn Maria ist die Mutter aller Christen. Ihm sind in der Kirche jene Aufgaben übertragen, die der erste Josef in Ägypten inne hatte."

Johannes Hümmeler: „Mit Recht wurde Josef von der Kirche den großen Kirchenlehrern und Patriarchen beigestellt."

Gebet: Ewige Weisheit, Lehrer und Heiland der Welt, gütiger Herr Jesus Christus, vor dem ganzen himmlischen Hofe bekenne ich dich als meinen Erlöser und Seligmacher. Maria, allerreinste Jungfrau und Gottesmutter, ich erwähle dich zu meiner höchsten Fürsprecherin. Heiliger Josef, ich bitte dich, sei mir Vater und Schutzpatron im Leben und im Tod.

Jesus, Maria und Josef, nehmt mich in eure heilige Gemeinschaft auf. Steht mir bei alle Tage meines Lebens. Helft mir immerfort, damit ich mich in all meinen Gedanken, Worten und Werken nach der christlichen Lehre und eurem heiligen Vorbild richte. Stärkt mich in allen Gefahren und Anfechtungen und lasst nicht zu, dass ich jemals in eine Todsünde einwillige. Wendet ab von mir alle wohlverdienten Strafen.

Jesus, Maria und Josef, um euch eine Freude zu bereiten will ich mich bemühen, auch andere zu begeistern, in eure heilige Gemeinschaft einzutreten und sich eurer Führung zu übergeben.

Jesus, Maria und Josef, verlasst mich nicht in der Stunde des Todes. Bewahrt mich vor den Peinen des Fegfeuers. Nehmt mich einst in eure heilige Gemeinschaft im Himmel auf. Amen.

Kurzandacht und Litanei wie am 29. März.

31. März

Heiliger Kirchenlehrer Hieronymus: „Der heilige Josef besitzt alle Tugenden in vollkommenem Maß."

Maria Teresa vom heiligen Josef: „Wahrlich, welch besseren und welch heiligeren Vater könnten wir uns wohl wünschen? Gottes Wohlgefallen ruht doch in ganz vorzüglicher Weise auf ihm. Es ist kaum denkbar, dass Gott ihm eine Bitte abschlagen könnte, ihm, auf dessen Arm der göttliche Heiland als kleines Kind geruht, der ihn durch die Wüste getragen, der für ihn so viel gelitten, der für ihn so hart und schwer gearbeitet, der für ihn mit so großer Aufmerksamkeit und zärtlicher Liebe gesorgt hat."

Papst Leo XIII.: „Das Geheimnis des heiligen Josef bleibt größer als unser Wissen. Seine Macht an Jesu Thron ist fast unbegrenzt. Daher eilt das gläubige Volk vertrauensvoll zu ihm."

Heiliger Leonhard von Porto-Maurizio: „Ihm gebührt der erhabene Vorzug, als das Haupt der Heiligen Familie verehrt zu werden, die weder ganz göttlich noch ganz menschlich – durch ein Glied aus ihrer eigenen Mitte mit der Gottheit persönlich vereint ist und gleichsam eine irdische Dreifaltigkeit bildet. Verehren wir auf den Knien Jesus, Maria und Josef! Prägt diese drei Namen mit goldenen Zügen in eure Herzen. Jesus, Maria und Josef! Führt diese heiligen Namen oft mit andächtiger Liebe in eurer Rede. Schreibt sie an die ehrwürdigsten Stätten. Jesus, Maria und Josef seien die ersten Worte, die ihr eure Kinder lehrt. Jesus, Maria und Josef! Diese heiligen Namen wiederholt oftmals an jedem Tag, solange ihr lebt! Ja, diese liebeerfüllten Namen seien die letzten, die ihr im Tode sprecht!“

Gebet: Glorwürdiger heiliger Josef, ich preise dich wegen deiner Herrlichkeit, Glorie und Macht. Dir übergebe ich mich und die Meinen. Herrsche über uns! Erhalte uns den häuslichen Frieden! Bewahre uns vor allem Unheil! Eifere uns zu allem Guten an, großer heiliger Patriarch! Jesus war dir untertan. Er bleibe mit Maria stets in deiner Nähe. Welche Herzensfreude, Gnade und Heiligkeit empfingst du aus der heiligen Gemeinschaft! Um deiner Liebe zu dem göttlichen Pflegesohn und dessen Mutter willen nimm mich und die Meinen als Schützlinge an. Empfiehl uns täglich Jesus und Maria!

Ewiger Vater, in der Liebe des Heiligen Geistes gewähre mir auf die Fürsprache des Ernährers Christi:

1. dass ich ein getreuer und liebender Diener Jesu, Marias und Josefs sei und bleibe;
2. dass ich die Namen Jesus, Maria und Josef immer ehrfürchtig und liebevoll ausspreche;
3. dass ich in aller Gefahr und Not meine Zuflucht zu Jesus, Maria und Josef nehme;
4. dass ich Jesus, Maria und Josef immer mehr liebe;
5. dass Jesus, Maria und Josef mir, den Meinen und allen Christgläubigen jederzeit, besonders aber in der Sterbestunde hilfreich nahe bleiben.

Kurzandacht und Litanei wie am 29. März.

Die Erscheinung Jesu, Mariens und Josefs zu Cotignac

Im Süden Frankreichs, in der Diözese Fréjus-Toulon, Departement Var, befinden sich die Ortschaft F-83570 Cotignac und der Weiler Bessillon. Am 10. und 11. August 1519 erschien dem Bauersmann und Holzfäller Jean de la Baume auf dem Verdaille bei Cotignac die Madonna mit dem Jesuskind auf dem Arm und wünschte den Bau einer Kirche zu ihrer Ehre unter der Bezeichnung „Notre Dame des Graces“ – „Unsere Liebe Frau von den Gnaden“.

Bereits am 14. September des gleichen Jahres wurde eine Prozession gehalten und es erfolgte anschließend die Grundsteinlegung der Marienkirche.

Im Jahre 1621 bestimmte Papst Gregor XV. durch ein Dekret, dass das Fest des heiligen Josef am 19. März in allen Kirchen der ganzen Welt gefeiert werden sollte.

Am 7. Juni 1660 erschien in Bessillon bei Cotignac dem armen Hirten Gaspard Ricard, der in einer wasserarmen Gegend mit seiner Herde großen Durst litt der heilige Nährvater Christi und sagte: „Ich bin Josef. Hebe diesen Felsen und du wirst trinken!“

Gaspard entgegnete, den großen Felsen betrachtend: „Ich kann es nicht. Er ist zu schwer.“ Der heilige Josef aber beharrte auf seinem Befehl und der Hirte gehorchte. Ohne jede Mühe konnte der Durstige den Felsen wegheben. Es sprudelte reichlich Wasser hervor und der Hirte konnte seinen Durst löschen. Auch die Herde labte sich am köstlichen Nass. Die Quelle fließt heute, nach mehr als 300 Jahren, noch immer zum Wohl der Pilger und der dortigen Bevölkerung.

Zur gleichen Zeit, da der heilige Josef erschien, erfolgte die Vermählung des französischen Königs Ludwig XIV. mit Maria-Theresia von Spanien. Der Hirte suchte verschiedene Persönlichkeiten auf und kündete vom Erscheinen und dem Wasserwunder des heiligen Josef. Er besuchte auch den König Ludwig XIV. zu Paris. Als Reaktion erließ der französische König am Josefsfest 1661 ein Dekret. In diesem Schreiben wurde der 19. März für ganz Frankreich einerseits als religiöser Feiertag, andererseits als gesetzlicher Ruhetag, an dem nicht gearbeitet werden durfte, erklärt.

Im Jahre 1663 erfolgte die Weihe einer Kapelle zu Ehren des heiligen Josef in Cotignac. Anlässlich der Hundertjahrfeier der Proklamation „Schutzpatron der Kirche“ rief der Bischof von Fréjus-Toulon, Msgr. Barthe, am 14. Februar 1971 in seinem Hirtenschreiben in Erinnerung, dass der heilige Josef der „Patron der Weltkirche“ ist und erwähnte die Erscheinungen in Cotignac, indem er die Gläubigen seiner Diözese zur Wallfahrt dorthin einlud. Seitdem kommen vermehrt Pilger und ganze Pilgerzüge zu Ehren der Heiligen Familie nach Cotignac.

Innige Sankt-Josefs-Verehrung, empfangen im Heiligen Haus zu Loreto

Als Pater Balthasar Alvarez eine Reise nach Italien machte, besuchte er auch das Heilige Haus zu Loreto. Er betete dort mehrere Stunden mit seiner gewohnten glühenden Andacht. Zu seinem Begleiter, Bruder Sancio, sagte er beim Verlassen des großen Heiligtums: „Ich habe soeben eine große Verehrung für den glorreichen heiligen Josef gefasst.“

Als er im Sterben lag, ermahnte ihn ein geistlicher Mitbruder, der ihm ein Bild des heiligen Pflegevaters Jesu darreichte, er solle sich dem heiligen Josef empfehlen. Der Kranke antwortete: „Du hast recht, das hat mir ebenso die Mutter Gottes bei einer gewissen Gelegenheit gesagt."

Der Ordensgeistliche staunte über diese Antwort, eilte zu Bruder Sancio, dem Krankenwärter, und fragte ihn, ob er etwas von der Verehrung des Kranken für den heiligen Josef wisse. Bruder Sancio, der seit vielen Jahren in freundschaftlichem Umgang mit dem Sterbenskranken gelebt hatte und großen geistigen Nutzen daraus zog, verriet nun die oben erwähnte Bemerkung vor dem Heiligen Haus zu Loreto.

Josephs Traum (Gaetano Gandolfi)

Mit Sankt Josef durchs Leben

Wie P. Johann Eduard Lamy den heiligen Josef lebte

So außergewöhnlich im Leben des schlichten, demütigen Pariser Vorstadtpfarrers die vielen Schauungen unseres Herrn und seiner himmlischen Mutter auch berühren mögen, so sind sie doch nicht die einzigen Erscheinungen, die Pater Lamy (1853–1931) zuteil wurden. Denn sein Verkehr mit dem Himmel war ein so beständiger, dass er sich des Öfteren der sichtbaren Gegenwart seiner himmlischen Freunde erfreute und dass ihm die Übernatur und ihre Welt gleichsam zur größten Natürlichkeit geworden war.

Wir haben schon früher berichtet (Hinweis des Autors Graf Biver), wie der heilige Josef eines Abends in der Kapelle Unsere Lieben Frau von der Guten Hoffnung in Troyes ihm erschien und ankündigte, er werde trotz aller Schwierigkeiten Priester werden.

P. Lamy: „Bei der zweiten Erscheinung in La Courneuve redete der heilige Josef mit mir nur von Dingen, die mich selbst betreffen. Er ist stets sehr gütig, hat aber keine so milde Stimme wie die Mutter Gottes. Bei ihm klingt immer der etwas herbe Laut seiner orientalischen Heimat durch.

Der heilige Nährvater besuchte mich auch ein drittes Mal, wieder in La Courneuve, doch diesmal nicht in der Kirche, sondern im Jugendheim. Es geschah im Herz-Jesu-Saal, der im alten Pfarrgarten stand. Die Statue des heiligen Patriarchen war aus der Kirche hierhergeschafft worden, um gründlich gereinigt zu werden, ehe sie auf den neuen schöneren Sockel gestellt würde, den eine Frau von Remiremont gekauft hatte. Am 3. Juli 1917 hatte man die Statue in den Saal getragen, wo sie mehrere Tage verblieb. Da ich fortwährend stark in Anspruch genommen war, konnte ich nicht sogleich hingehen, als sie geputzt war, sondern kam erst etwa drei oder vier Tage später dazu.

Türe und Fenster lagen auf der gleichen Seite, während der übrige Raum im Dunkeln lag. Wie ich nun in den Saal trat, stand bereits der Heilige zwischen seiner Statue und dem Sprechenden und lächelte freundlich. Freudig rief ich aus: ‚Bist du es, heiliger Josef?' Wieder unterhielt er sich mit mir über rein persönliche Angelegenheiten. Ich erinnere mich noch gut, dass ich einige Schritte zurücktrat, um ihn noch besser beobachten zu können und dass ich eine tiefe Verbeugung vor ihm machte. Wie ich mich wieder erhob, war die Erscheinung verschwunden.

Auch diesmal, wie bei seinen früheren Besuchen, sah er schon recht grau aus und trug beinahe ein gleiches Kleid wie der göttliche Heiland. Sankt Josef ist aber nicht nur jener einfache Arbeiter, als den man ihn oft gerne hinstellen möchte. Das ist bloß ein Zug an seinem Charakterbild. Er kannte die Psalmen sehr gut und war in der Heiligen Schrift vorzüglich bewandert. Auch der heilige Petrus war ein ziemlich gebildeter Mann. Der heilige Patriarch besaß hohe persönliche Bildung, doch überwog das Verdienst der Heiligkeit alle seine anderen hervorragenden Fähigkeiten. So wurde er als würdig befunden, in der Gesellschaft Jesu und Mariens leben zu dürfen. Denn seine heilige Braut besaß nebst der außerordentlichen natürlichen Begabung eine tüchtige Bildung, die ihr in der Tempelschule zu Jerusalem zuteil geworden war. Nur weil Sankt Josef auch gebildet war, konnte er Maria voll verstehen."

Aus: Pater Lamy erzählt

Der heilige Johannes de la Salle, ein Abbild des heiligen Josef

Der Gründer der „Genossenschaft der christlichen Schulbrüder" verfasste mehrere Josefs-Litaneien und betete sie täglich. Auch empfahl er diese Andacht seinen Mitbrüdern. Was ihn am meisten im bewunderungswürdigen Leben des heiligen Gemahls der Mutter Gottes rührte, das war dessen große Folgsamkeit in der Führung der göttlichen Vorsehung, seine Unterwerfung unter die unangenehmsten Anordnungen, sein schneller Gehorsam gegen die Stimme des Herrn, sein verborgenes Leben, seine engelgleiche Reinheit und endlich seine Zärtlichkeit und Liebe zu Jesus und Maria, Tugenden, die er eifrig nachzuahmen suchte.

Er wurde in der Tat ein lebendiges Abbild des heiligen Josef. De la Salle stellte seine Schulanstalt unter den Schutz des großen Heiligen und dachte ständig nach, wie der hohe Patriarch noch mehr verehrt werden könnte. Er erhielt kurz vor seinem Tod zum Fest des heiligen Josef die durch schwere Krankheit verlorengegangene Kraft, nochmals völlig beschwerdefrei eine heilige Messe zu Ehren des großen Schutzpatrons feiern zu können. Sterbend wiederholte er seinen Ordensbrüdern, was er ihnen im Leben oftmals empfohlen hatte, nämlich: sich durch die Verehrung des heiligen Josef auszuzeichnen. Vor seinem Hinscheiden tat er den Ausspruch: „Ich hoffe, bald aus Ägypten befreit zu sein, um in das wahrhaft verheißene Land einzutreten."

Die Verehrung des heiligen Vinzenz von Paul für den heiligen Josef

Der heilige Vinzenz von Paul kann als ein vollendeter Diener des heiligen Josef bezeichnet werden. Er stellte den Nährvater Jesu seinen Priestern gerne als ein ganz vollendetes Vorbild ihres Priestertums vor. Er gab seinen Seminaristen diesen Patriarchen zum Schutzheiligen, der, nachdem er das Glück gehabt hatte, selbst den Sohn Gottes zu erziehen, die besondere Gnade empfing, jene zu schützen, die sich in der Zurückgezogenheit zum heiligen Amte vorbereiten.

Um gute Arbeiter für den Weinberg des Herrn zu gewinnen, gab der heilige Vinzenz seinem Superior zu Genua die Weisung, sechs Monate lang die Messe zu Ehren des heiligen Josef in einer ihm geweihten Kapelle zu lesen oder lesen zu lassen. Er empfahl seinen Missionären, sich auf ihren apostolischen Reisen unter den Schutz des heiligen Josef zu stellen. Auch sollten sie ihr ganzes Wissen und ihren Fleiß anwenden, den Völkern, denen sie das Evangelium predigten, das größte Vertrauen auf diesen getreuen Schützer der unbefleckten Mutter Jesu einzuflößen, wohl überzeugt, dass man der heiligen Jungfrau Maria nichts Angenehmeres erweisen könne, als ihre Verehrung auf denjenigen auszudehnen, den Gott durch so feste und reine Bande mit ihr verbunden.

Sankt Josef, Helfer der Missionare

Die Steyler Missionare P. Götsch und Bruder Gervasius hatten in China ein Erlebnis, das sich jedem verstandesmäßigen Begreifen entzieht. Bruder Gervasius, der den Forscher Dr. Filchner einst durch Tibet nach Indien begleitet hatte, erzählte die nachfolgende Begebenheit, die er selbst erlebte.

Eines Tages begleitete er den Pater von Kaotai zu einer Schwerkranken im Süd- oder Richthofengebirge. Nach dreitägigem Ritt von mehr als 200 Kilometern waren sie am Ziel. Die Kranke jedoch war bereits verstorben.

Bedrückt traten die Missionare den Heimweg an. Sie hatten fast die Hälfte des Bergrittes hinter sich, als sie ein Junge am Weg erwartete und sie bat, zu seiner Mutter zu kommen. Der Junge führte sie zehn bis fünfzehn Kilometer abseits zu einer kleinen Ortschaft. In einer Lehmhütte wartete eine Sterbende und stellte sogleich sonderbare Fragen: „Ausländer, willst du der Wahrheit gemäß auf meine Frage antworten?" – „Aber gewiss, Mutter."

„Gibt es einen Gott, in dem drei Gestalten sind? Gibt es im anderen Leben einen Freudeort für die Guten und einen Schreckensort für die Bösen? Stimmt es, dass Gott auf diese Erde gekommen ist, um für die Menschen zu sterben und ihnen den Ort der Freude zu öffnen? Ausländer, ist das alles wahr?" Der Priester bejahte staunend. Woher hatte die Kranke diese Kenntnisse? „Gut, du hast Wasser bei dir", fuhr die Kranke fort, „so wasche mich, damit ich an den Ort der Freude komme!" Woher wusste sie, dass der Pater Taufwasser bei sich hatte?

Die Entschiedenheit der Kranken hatte etwas Kindliches und zugleich Überlegenes. P. Götsch unterrichtete sie kurz und spendete ihr die Taufe. Da rief die Kranke voll Freude: „Du hast doch auch noch Brot bei dir. Es ist kein gewöhnliches Brot, sondern Gott selbst. Gib mir auch davon!"

Der Priester trug noch das Allerheiligste auf der Brust. Die Sterbende wusste auch das. Er reichte ihr die heilige Kommunion und spendete ihr die heilige Krankenölung. Dann sagte er: „Bisher hast du Fragen gestellt, jetzt stelle ich einige Fragen. Woher hast du die Wahrheiten des Glaubens? Bist du früher mit katholischen oder evangelischen Christen in Berührung gekommen?" – „Nein, Ausländer."

„Aber du hast christliche Bücher gelesen?" – „Ich kann gar nicht lesen, Ausländer, und wusste auch nicht, dass es solche Bücher gibt."

„Aber woher hast du denn deine Glaubenskenntnis?" – „Ich habe nur gedacht, es müsse so sein, und habe fast zehn Jahre danach gelebt. Auch meine Kinder habe ich danach unterrichtet, du kannst sie alle waschen (taufen)."

„Wusstest du denn, dass wir heute vorbeikämen?" – „Gewiss, ich hatte einen Traum und sah einen älteren Mann. Der sagte mir, ich solle meinen Jungen zum Weg schicken und die beiden Ausländer rufen. Sie würden mich waschen für den guten Ort nach dem Tod."

Die Missionare waren tief gerührt. Das Wesen der Kranken war im Angesicht des Todes so einfach, dass kein Raum für Zweifel blieb. Zum Abschied schenkten sie ihr ein kleines Bild vom heiligen Josef, dem Patron der Sterbenden. Da war die Kranke außer sich vor Freude. „Den kenne ich, er hat mich ja besucht. Er war schon öfter bei mir und ließ mich den Jungen auf den Weg schicken, um euch zu rufen." War er im Traum oder war er in Wirklichkeit bei ihr gewesen? Sie wusste es nicht, und es war ihr auch nicht wichtig. Wichtig war, was sie durch ihn erfahren hatte. Wie die Missionare später erfuhren, starb die Frau noch in der gleichen Nacht. *Ludwig Lenzen*

Sankt Josef, Patron der Berufs- und Standeswahl

Wie die stigmatisierte Nonne Sr. Josephine Rumebe den Weg ins Kloster fand:

Johanna Rumebe befand sich einmal inmitten einer Gruppe von Kindern, die von einer Ordensschwester betreut wurden. Die Schwester fragte einen anwesenden Priester: „Welches von diesen Kindern wird wohl einmal Ordenschwester werden?" Der Priester wies ohne Zögern auf Johanna: „Diese da!" Wir wollen nun sehen, wie sich dieses Wort verwirklichte.

Mit siebzehn Jahren war Johanna fest entschlossen, sich dem Herrn in einer klösterlichen Gemeinschaft ganz zu schenken. Ihr Vater war inzwischen der Mutter ins Jenseits nachgefolgt. Ihr ältester Bruder und ihre älteste Schwester, die nun Elternstelle an ihr vertraten, liebten sie so sehr, dass sie trotz ihrer eigenen religiösen Einstellung dem Eintritt ihrer Schwester in ein Kloster energisch widerstanden.

Nicht weit von Aspet befand sich ein dem heiligen Petrus geweihtes Heiligtum. Johanna pilgerte gern mit ihrer Familie dorthin. Ihre älteste Schwester ging sogar einmal barfuß dorthin, als Johanna krank war, um ihre Heilung zu erlangen. Johanna wurde wieder gesund.

Als diese jedoch wieder von ihren Klostergedanken sprach, durfte sie sich wie zur Strafe nicht einmal an der nächsten Pilgerfahrt beteiligen. Sie musste vielmehr zu Hause bleiben und die Kühe hüten, vor denen sie sich entsetzlich fürchtete.

Während eines ganzen Monats wollten ihre Geschwister nicht mehr mit ihr reden. Sie durfte auch nicht mehr am gemeinsamen Tisch teilnehmen. Das war sehr hart für Johanna, die ihre Geschwister so überaus liebte. Aber sie blieb ihrem Entschluss und ihrer Berufung treu. Naiverweise sagte sie zu ihren Freundinnen: „Bittet den lieben Gott für mich, dass er mir die Berufung wieder nehme!"

Aber je mehr gebetet wurde, um so mehr fühlte sie sich zum klösterlichen Leben berufen. Doch nun quälte sie eine andere Frage: Für welchen Orden, für welche Kongregation sollte sie sich entscheiden? Der Orden der Heimsuchung zog sie an, weil sie wusste, dass ihre Mutter in ihn hatte eintreten wollen wegen ihrer Zuneigung zur heiligen Franziska von Chantal. In der Tiefe ihres Herzens lag auch ein Verlangen nach dem Karmel, aber das Wichtigste war ihr zu wissen, wo Jesus sie haben wollte.

Sie wartete und hoffte auf eine Erleuchtung von oben. Um diese zu erhalten, entschloss sie sich zu einer heroischen Pilgerfahrt nach Lourdes. Heroisch, denn sie pilgerte dorthin zu Fuß und ohne Geld, wie eine Bettlerin. Eine ihrer Schwestern wollte sie begleiten. Sie nahmen nur einen einzigen Franc mit als Reisegeld auf den Weg. Er sollte ihnen dazu dienen, in Lourdes Andenken zu kaufen. Den Lebensunterhalt wollten sie sich erbetteln.

Da sie fürchteten, dass ihre Geschwister eine solche Pilgerreise nicht erlauben würden, hielten sie zunächst ihr Vorhaben geheim. Unter dem Vorwand, eine Tante außerhalb der Stadt Aspet besuchen zu wollen, begaben sie sich in Richtung Bahnhof. Kaum waren sie außerhalb der Stadt, da verschwanden sie in einer Hütte und tauschten ihre schönen Kleider gegen Bettlerkleidung um. Sie hatten über hundert Kilometer bis nach Lourdes zurückzulegen. Da sie den Weg nicht kannten, gingen sie durch die Felder den Eisenbahnschienen nach. Der Garonne entlang kamen sie über Muret nach St. Gaudenz und Tarbes.

Wie viele Tage sie zu dieser Reise brauchten, hat Schwester Josephine nie erzählt. Es waren aber regnerische Tage, und Johanna ermüdete sehr. Schon nach dem ersten Tag war die Kleine völlig erschöpft, während ihre ältere Schwester widerstandsfähiger war und zur Weiterreise aufmuntern musste. Endlich aber kam Lourdes in Sicht. Doch bevor sie ankamen war es Nacht und Johanna war so entkräftet, dass sie keinen Schritt mehr vorwärts tun konnte.

Plötzlich bemerkten sie am Wegesrand ein Haus, aus dem ein schwaches Lichtlein hervorleuchtete. „Ach", sagte Johanna, „treten wir ein und bitten wir um eine Tasse Bouillon, denn ich kann nicht mehr weitergehen." Sie klopften an. Eine gültige Dame ließ sie in einen Vorraum treten, der einer Säulenhalle glich. Die Dame ließ sich von ihnen ihre Abenteuer erzählen und stellte einige Fragen an sie. Sie drückte ihr Erstaunen aus, dass sie noch zu so später Stunde zu pilgern wagten. Dann öffnete sie eine Schublade und erquickte sie aus einer Flasche Likör. Nie hatten die beiden Mädchen einen ähnlichen Trank gekostet. Alle Müdigkeit verscheuchte er.

Sie zogen weiter und erreichten Lourdes noch in derselben Nacht. Doch fanden sie alle Kirchen verschlossen. Sie verbrachten den Rest der Nacht in der heiligen Grotte von Massabielle. Es regnete in Strömen. In ihrem Übereifer hielt Johanna es für gut, die ohnehin vom Regen durchnässten Kleider auch noch mit Lourdes-Wasser zu durchtränken und zu heiligen. Dank der Güte Gottes hatte dies keine schlimmen Folgen für ihre Gesundheit.

Als der Tag angebrochen war, kauften sie mit ihrem Franc Brot und einige Medaillen. Dann beteten sie mit Inbrunst um Erleuchtung in der Berufungsangelegenheit und rüsteten sich zur Heimkehr. Johanna war nicht recht zufrieden, da die heilige Jungfrau ihr nichts gesagt hatte, weder in der Grotte noch anderswo am Wallfahrtsort. So begaben sich denn die beiden Pilgerinnen zum Bahnhof, nicht um den Zug zu besteigen, sondern um sich bei ihrem Rückmarsch nach den Bahngleisen zu orientieren. Sie begegneten einer größeren Pilgerschar und traten beiseite an den Wegesrand, um die Menschen vorüberziehen zu lassen.

Siehe, da nahte sich den beiden Mädchen jemand im Priestergewand mit großer Würde und Güte. Er wandte sich an die ältere Schwester und fragte sie, wozu sie nach Lourdes gekommen seien. „Wir sind gekommen, um Erleuchtung in der Berufsfrage meiner Schwester zu erhalten.“ Alle weiteren Fragen, die der Fremde stellte, setzten voraus, dass er über die Sorgen und Gewohnheiten der beiden jugendlichen Pilger genau unterrichtet war. Dann wandte er sich an Johanna mit den Worten: „Du bist bestimmt zum Ordensberuf und du sollst bei den Josefsschwestern in Marseille eintreten. Dort wirst du ein bevorzugtes Kind des Heilandes werden." Dann wiederholte er drei Mal mit besonderer Betonung: „Zu St. Josef, zu St. Josef, zu St. Josef!"

Zum Abschluss zog er eine Geldbörse hervor und gab ihnen Geld für die Rückreise mit der Bahn. Er wünschte nicht, dass sie zu Fuß gingen ... Sie baten ihn noch, ihnen die gekauften Medaillen zu segnen, doch er erwiderte, dass er dazu keine Vollmacht habe. Er grüßte die Mädchen und verschwand. Die beiden frommen Pilgerinnen kamen zur Überzeugung, dass hier St. Josef eingegriffen habe. Entweder hatten sie seinen Abgesandten oder ihn selber vor sich gehabt.

In späteren Jahren versicherte Schwester Josefine immer wieder: „Ich wiederhole es euch feierlich und gewiss, selbst angesichts des Todes: Es war der heilige Josef, der mich in Lourdes in das Ordensleben holen kam. Nach dieser Begegnung waren wir wie die Jünger von Emmaus ganz erschüttert. Erst nachdem er verschwunden war, haben wir ihn erkannt."

Sie warteten noch einen Tag, um den vermeintlichen Priester noch einmal zu sehen, aber vergebens. So blieb ihnen nichts anderes übrig, als der geheimnisvollen Persönlichkeit zu gehorchen, und sie begaben sich zur Bahn. Das Geld, das sie erhalten hatten, entsprach genau der Summe des Fahrpreises.

Nach dieser Pilgerreise kannte Johanna kein Zögern mehr. Aber es waren bei Weitem noch nicht alle Hindernisse überwunden. Ein priesterlicher Freund der Familie meldete die neue Kandidatin im Mutterhaus der Josefsschwestern zu Marseille an. Ihre Geschwister jedoch schrieben an die dortigen Obern, dass Johanna nicht die zum Eintritt notwendige Gesundheit besitze. Das Mutterhaus antwortete darauf, sie würden sich nach der Entscheidung des Arztes richten, man möge ein ärztliches Zeugnis einreichen. Johanna stellte sich einem Arzt, der bald erkannte, dass dieses Kind in der „Welt“ nicht glücklich werden könne. Er schrieb ihr ein gutes Zeugnis, wofür Johanna ihm zeitlebens dankbar blieb.

Freundinnen Johannas halfen ihr, die Aussteuer herzurichten, da sie sahen, mit welchen Schwierigkeiten sie zu kämpfen hatte und wie sehr sie darunter litt. Als die älteste Schwester davon hörte, wollte sie nicht, dass man ihr nachsage, sie habe für ihre kleine Schwester nicht gesorgt, und schickte später eine reiche Aussteuer nach Marseille.

Die meisten Schwierigkeiten bereitete ihr aber ihr ältester Bruder, der als gesetzlicher Vormund Rechte über sie besaß. Er drohte, dass er sie aus dem Kloster holen werde, wenn es ihr gelingen sollte, dorthin zu entkommen. Sie sei noch nicht volljährig.

Johanna war sehr traurig darüber, dass ihr Bruder sie nicht freudig Gott überlassen wollte. Sie entschloss sich, mit Hilfe einer Tante und einer älteren Schwester heimlich zu entfliehen. Alles Notwendige wurde zur Flucht vorbereitet. Endlich war der ersehnte Tag gekommen. Begleitet von ihrer Tante begab sie sich zur Bahn. Im Zug traf sie, wie ausgemacht, zwei Schwestern von Marseille, die sie ins Mutterhaus begleiteten.

Ihr Bruder erfuhr von der Flucht erst, als es bereits zu spät war, sie aufzuhalten. Johanna schrieb ihm von Marseille aus und erklärte ihm die Gründe ihres Verhaltens. Als Antwort ließ er sie wissen, dass er kommen werde, um sie mit Gewalt zurückzuholen. Darauf erwiderte Johanna, dass sie ihm in diesem Falle gehorchen und folgen werde. Der innere Schmerz aber, den er ihr dadurch zufüge, würde ihr wohl das Leben kosten. Nun wagte auch er nicht mehr, sich zu widersetzen.

Erst später, als sie einmal aus dem Heiligen Lande nach Frankreich kam, besuchte Johanna auf Befehl ihre höchsten Oberin ihre Familie, die sich alsdann mit ihr aussöhnte. Bruder und Schwestern waren außer sich vor Freude, sie wiederzusehen.

Pater Benedikt Stolz OSB

Der heilige Josef als Brotvater

Die Genossenschaft der Rosenkranzschwestern in Palästina besteht nur aus einheimischen Mitgliedern. Sie ist sehr arm, weil sie keine Beziehungen zum Ausland hat. Die Stifterin, Schwester Alfonsine Danil Ghattas, lebte mehrere Jahre mit einer jüngeren Schwester namens Franziska in einem kleinen Kloster zu Betlehem. Von dem wenigen, das sie hatten, gaben sie noch den Armen und unterhielten sechs Waisenkinder in ihrer ärmlichen Niederlassung. Und doch waren sie glücklich, dort ein armes Leben führen zu dürfen, wo das göttliche Kindlein in einem Stall von einer armen Jungfrau geboren wurde.

Wie Sankt Josef einst für die Heilige Familie sorgte, so nahm er sich auch dieser armen Schwestern an. Sie hatten ihn ja zu ihrem besonderen Beschützer erwählt und nahmen stets zu ihm ihre Zuflucht, wenn Hunger und Not Einzug halten wollten. So auch vor dem Josefsfest im Jahre 1904, als sie fast nichts mehr zu essen hatten. Sie begannen eine Novene zu Ehren der sieben Schmerzen und Freuden des heiligen Josef. Schon ging die Novene zu Ende.

Der Vorabend des Festes war da, und noch immer blieb die Hilfe aus. Alle Vorräte waren aufgezehrt; die Schwestern wussten nicht, was sie den Kindern am anderen Tage vorsetzen sollten. Doch die Mutter Oberin mahnte zum Vertrauen auf den großen Nährvater Jesu und sagte: „Sankt Josef wird uns nicht verlassen, er wird helfen."

Es war bereits dunkel und es regnete in Strömen. Da hörten die beiden Schwestern ein leises Klopfen an der Tür. Sie eilten zur Pforte und öffneten. Siehe! Welch freudige Überraschung! Ein Fremdling stand vor der Türe mit einer großen schweren Last auf seinem Rücken und sagte mit liebenswürdiger Freundlichkeit: „Das ist für eure Waisenkinder!"

Die Schwestern fassten Mut, als sie hörten, dass der Fremdling ihnen etwas bringen wollte. Sie öffneten auch den zweiten Türflügel, um den guten Mann mit der großen Bürde hereinzulassen. Zudem regnete es so stark, dass selbst die Schwestern nass wurden. Dann nahmen sie dem Fremdling die Last von seinen Schultern. Es war eine Abaje (Beduinenmantel), ganz erfüllt mit Früchten und Gemüse! – Wie sonderbar! Das Gemüse, die Abaje, ja sogar der Kumbas, das lange Gewand des Fremden, war vom Regen vollkommen unberührt geblieben.

Nun boten ihm die Schwestern einen Stuhl an, damit er sich etwas ausruhe. Doch er wollte nicht sitzen. Inzwischen kamen die Waisenkinder herbeigeeilt und bewunderten die vielen Obst- und Gemüsearten, die der Mann gebracht hatte. Da gab es Karotten, Möhren, Salat, Spinat und anderes. Alle fassten an und trugen mit Schwester Franziska den kostbaren Schatz in die Küche.

Nachdem sie alles ausgepackt hatten, faltete die Schwester die Abaje zusammen. Dabei fiel ihr die außerordentliche Schönheit des Gewandes auf. Es war ganz neu, nicht im Geringsten zerknittert, von goldgelber Farbe. „Es ist eigentlich schade“, dachte sie bei sich, „dass man in einem so herrlichen neuen Stoff Gemüse verpackt.“ Doch beschmutzt war die Abaje nicht, denn alles Obst und Gemüse war peinlich sauber zugerichtet.

Mutter Maria Alfonsine blieb beim Fremdling, ohne ein Wort mit ihm zu wechseln. Sie schaute voll Verwunderung auf den großen hageren Mann mit den so freundlichen Gesichtszügen. Er schien kein Araber zu sein, denn seine Hautfarbe war hell und weiß. Der reine Kumbas war mit bläulichen Streifen durchwirkt und von einem breiten himmelblauen Gürtel festgehalten. Nun kam Schwester Franziska mit der gefalteten Abaje zurück und übergab sie dem Fremden. Dieser zog sie nicht an, wie man das bei dem strömenden Regen wohl erwartet hätte, sondern legte sie über den Arm. Auf die Frage, ob sie ihm etwas zahlen müssten, antwortete er: „Nein, ich danke.“ Er grüßte noch freundlich Schwestern und Kinder. Dann verschwand er in die dunkle, regnerische Nacht.

Sobald sich die Tür hinter ihm geschlossen hatte, blickten sich die beiden Schwestern staunend an und riefen wie aus einem Munde: „Das war der heilige Josef!“ Sie bedauerten nun, dass sie den Fremdling nicht nach seinem Namen gefragt hatten, um ganz sicher zu sein.

Doch daran konnten sie auf keinen Fall zweifeln, dass Sankt Josef ihnen aus ihrer Not geholfen hatte.

Am folgenden Tag erkundigten sich die Schwestern bei den Wohltätern, ob sie die reichen Gaben geschickt hätten. Doch alle mussten die Frage verneinen.

Eine ganze Woche hindurch aßen nun die Schwestern und die Waisenkinder von den Gaben des heiligen Josef. Dabei sagte die Mutter Alfonsina oft zu den Kindern: „Esset, Kinder, von den Früchten des Paradieses, die uns der heilige Josef gebracht hat!" Schwester Franziska versicherte, dass sie unter den Früchten eine gefunden habe, die es Palästina nicht gebe und die sie weder vorher noch nachher gesehen habe. Es sei eine grüne, kartoffelähnliche Frucht gewesen von süßem Geschmack. Gekocht und ungekocht habe sie köstlich gemundet. – Alle dankten dem heiligen Josef.

Pater Benedikt Stolz OSB

Sankt-Josef-Fatima-Novene

Während des großen Sonnenwunders zum Abschluss der Erscheinungen Mariens in Fatima (13. Oktober 1917) erblickten die Seherkinder Luzia Santos und Francisco und Jacinta Marto die Heilige Familie. Der heilige Josef zeigte sich mit dem Jesuskind auf dem Arm. Maria hatte diese Erscheinung des heiligen Josef einen Monat zuvor angekündigt.

Gebet für jeden Novenentag

Heiliger Josef, Bräutigam der Gottesmutter, auch du bist in Fatima erschienen. Durch dein Kommen hast du uns zeigen wollen, dass wir dich vermehrt anrufen und verehren sollen, damit wir viel größeren Erfolg erzielen in all unseren Arbeiten und im Apostolat um die Verbreitung der Botschaft Unserer Lieben Frau von Fatima. Hilf uns durch deinen Beistand, aufmerksam zu werden auf die Bitten des Unbefleckten Herzens Mariä, an denen so viele Menschen achtlos vorübergehen. Stehe uns bei, ihrem Wunsche zu entsprechen und uns ganz Gott zu weihen, um der beleidigten Majestät Gottes Genugtuung zu leisten für die Sünden der ganzen Menschheit, um Sünder zu retten und auch ihrem Unbefleckten Herzen für den Undank der Menschen Genugtuung zu leisten.

Unter deiner Führung wollen auch wir uns anschließen an die Schar der eifrigen Verehrer Mariens, die durch ihr Beten und Opfern beitragen, die Welt zu retten. Führe uns immer tiefer ein in all das Schöne und Innige, das sie uns und der ganzen Welt zu sagen hat. Im Verein mit Maria und dir wollen wir mithelfen, dass der unermessliche Segen des göttlichen Erlösungswerkes in reichem Maße zu vielen Seelen gelangen kann. Denn das will ja Maria durch ihre Botschaft von Fatima möglich machen.

Glorreicher Bräutigam Unserer Lieben Frau von Fatima, dir sei Preis und Dank in Ewigkeit.
Gegrüßest seist du, heiliger Josef, Nährvater Christi und Bräutigam Mariens, reich an Gnade. Der Herr ist mit dir. Du bist gebenedeit unter den Männern der Erde und gebenedeit ist Jesus, der Sohn der allerreinsten Jungfrau. Heiliger Josef, mächtiger Helfer in allen Anliegen, Beschützer und Vorbild der Reinheit, bitte für uns Sünder jetzt und in der Stunde unseres Todes. Amen.

Glorreicher Bräutigam der Rosenkranzkönigin, dir sei Preis und Dank in Ewigkeit.
Gegrüßest seist du, heiliger Josef …

Glorreicher Bräutigam der Königin des Friedens, dir sei Preis und Dank in Ewigkeit.
Gegrüßest seist du, heiliger Josef …

Kurze neuntägige Andacht zum heiligen Josef in besonderen Anliegen

Heiliger Josef, du getreuer Pflegevater Jesu Christi, in meinen gegenwärtigen Anliegen suche ich deine kräftige Hilfe und Fürbitte. Ich glaube fest, dass dir bei Gott alles möglich sei. Jesus, der dir auf Erden untertan war, wird dir jetzt im Himmel keine Bitte versagen.

Mächtiger Beschützer der Kirche, du Helfer aller, die dich anrufen, da du einst das Leben Jesu vor Herodes rettetest, rette jetzt alle Bedrängten und Notleidenden.

Beschütze den Papst, alle gläubigen Christen und das ungeborene Leben. Stehe allen bei, die kämpfen gegen den Unglauben, die Zweifelsucht, die Ungerechtigkeit und die Unsittlichkeit. Bewahre sie vor dem Hass der Bösen.

Vereinige deine Bitten mit den Flehrufen Mariens, deiner reinsten Braut, und opfere die unendlichen Verdienste Jesu in unserem Namen auf für die Bekehrung der Sünder, die verstockten Sterbenden und für die Ungetauften.

Zeige, dass du Vater bist und dass die, die dich mit Vertrauen anrufen, nie enttäuscht werden. Dir übergebe ich mit vollem Vertrauen mein jetziges Anliegen …!

7 Vater unser …
7 Gegrüßet seist du, Maria …
zu Ehren der sieben Schmerzen und Freuden des heiligen Josef.

Novene zum heiligen Nährvater Josef

1. Tag

Ehre und Dank sei dem Vater und dem Sohn und dem Heiligen Geist für den glorreichen heiligen Josef und seine großen Gnaden jetzt und alle Zeit und in Ewigkeit. Amen.

O seligster Josef, wir grüßen und verehren dich durch die heiligsten Herzen Jesu und Mariens. Du bist der Schatzmeister der unvergänglichen Schätze des Himmels und der Erde. Heiliger Josef, du getreuer Bräutigam der seligsten Jungfrau, du wurdest auserwählt, der Nährvater Jesu zu sein. In unserer Not flehen wir zu dir. Du vermagst alles bei der Heiligsten Dreifaltigkeit. Höre gnädig unser Flehen. Erwirb uns von Jesus Hilfe und Trost. Erlange uns die Verzeihung unserer Sünden. Vermittle uns die Gnade, nach deinem Beispiel rein, demütig und gehorsam zu leben und einst mit dir der ewigen Freude und Seligkeit teilhaftig zu werden. Amen.

Litanei zum heiligen Josef

Herr, erbarme dich unser
Christus, erbarme dich unser
Herr, erbarme dich unser
Christus, höre uns
Christus, erhöre uns

Gott Vater im Himmel – *erbarme dich unser*
Gott Sohn, Erlöser der Welt
Gott Heiliger Geist
Heiliger dreifaltiger Gott

Heilige Maria – *bitte für uns*
Heiliger Josef
Du erhabener Spross Davids
Du Leuchte unter den Patriarchen
Du Bräutigam der Mutter Gottes
Du keuscher Beschützer der Jungfrau
Du Nährvater des Sohnes Gottes
Du sorgsamer Verteidiger Christi
Du Haupt der Heiligen Familie

Josef, ausgezeichnet durch Gerechtigkeit
Josef, leuchtend in heiliger Reinheit
Josef, Vorbild der Klugheit
Josef, Mann voll Starkmut
Josef, Beispiel des Gehorsams
Josef, Vorbild der Treue
Du Spiegel der Geduld
Du Freund der Armut
Du Vorbild der Arbeiter
Du Zierde des häuslichen Lebens
Du Beschützer der Jungfrauen
Du Stütze der Familien
Du Trost der Bedrängten
Du Hoffnung der Kranken
Du Patron der Sterbenden
Du Schrecken der bösen Geister
Du Schutzherr der heiligen Kirche

Lamm Gottes, du nimmst hinweg die Sünden der Welt –
verschone uns, o Herr
Lamm Gottes, du nimmst hinweg die Sünden der Welt –
erhöre uns, o Herr
Lamm Gottes, du nimmst hinweg die Sünden der Welt –
erbarme dich unser

Er hat ihn zum Herrn seines Hauses bestellt – und zum Verwalter seines ganzen Besitzes.

Lasset uns beten: O Gott, in weiser Vorsehung gabst du den heiligen Josef der Mutter deines Sohnes zum Bräutigam. Wir bitten dich, lass ihn, den wir auf Erden als Schirmherrn verehren, unser Anwalt sein im Himmel; der du lebst und herrschest in Ewigkeit. Amen.

Schlussgebet für jeden Novenentag
Geliebter heiliger Josef, du wirst als Vater der großen Familie Gottes, der katholischen Kirche, verehrt. Gedenke, dass ein guter Vater sich besonders seiner hilfsbedürftigsten Kinder annimmt. Erbarme dich der arg Versuchten und Gefährdeten, der Kranken und Leidenden, besonders aber der sterbenden Todsünder und der Armen Seelen im Fegfeuer. Wir danken dir von ganzem Herzen für deine väterliche Hilfe, deinen Schutz und tröstlichen Beistand. Amen.

2. Tag
Ehre und Dank sei dem Vater und dem Sohn und dem Heiligen Geist für den glorreichen heiligen Josef und seine großen Gnaden jetzt und alle Zeit und in Ewigkeit. Amen.

O seligster Josef, wir grüßen und verehren dich durch die heiligsten Herzen Jesu und Mariens. Dich hat der himmlische Vater auserwählt, Ernährer seines vielgeliebten Sohnes zu sein. Du durftest während vieler Jahre in der unmittelbaren Nähe Christi weilen. Jesus wollte als Menschensohn in Demut und Liebe deinen Befehlen gehorchen. Da du uns helfen kannst, bitten wir dich inständig um deine Fürsprache bei Gott. Erwirke uns auch die Gnade der wahren Andacht und Hingabe unseres Willens an den göttlichen Willen, damit wir nur noch nach Gott ausgerichtet leben. Amen.

Litanei und Schlussgebet wie am 1. Tag

3. Tag

Ehre und Dank sei dem Vater und dem Sohn und dem Heiligen Geist für den glorreichen heiligen Josef und seine großen Gnaden jetzt und alle Zeit und in Ewigkeit. Amen.

O seligster Josef, wir grüßen und verehren dich durch die heiligsten Herzen Jesu und Mariens. Wir danken Gott, dem Vater, dass er dich so sehr geehrt und mit großen Gnaden bereichert und auserwählt hat, Nährvater seines Sohnes und Beschützer der jungfräulichen Mutter zu werden. O liebevoller, heiliger Josef, wir rufen heute wiederum in unserem Anliegen zu dir. Denn die Heiligste Dreifaltigkeit wird dir keine Bitte abschlagen, da sie dich zum Oberhaupt der Heiligen Familie auf Erden bestimmt hat. Erlange uns Hilfe und Trost. Erbitte uns die Reinheit des Leibes und der Seele, damit wir Gott durch unseren Wandel gefallen und einst im

Himmel mit dir die Heililgste Dreifaltigkeit loben und preisen dürfen. Amen.

Litanei und Schlussgebet wie am 1. Tag

4. Tag

Ehre und Dank sei dem Vater und dem Sohn und dem Heiligen Geist für den glorreichen heiligen Josef und seine großen Gnaden jetzt und alle Zeit und in Ewigkeit. Amen.

O seligster Josef, wir grüßen und verehren dich durch die heiligsten Herzen Jesu und Mariens. Du hast denjenigen, den die Cherubim und Seraphim im Himmel anbeten, in Menschengestalt auf Erden ernährt und behütet. Du bist mit ihm und seiner heiligsten Mutter nach Ägypten geflüchtet. Voll Vertrauen rufen wir heute erneut in unserem Anliegen zu dir, o guter, heiliger Josef. Trage unsere Bitten dem göttlichen Herzen Jesu vor. Erlange uns auch die Gnade, immer mehr zu erkennen, was Christus für unsere Erlösung gelitten hat. Hilf uns, ihm treu nachzufolgen. Amen.

Litanei und Schlussgebet wie am 1. Tag

5. Tag

Ehre und Dank sei dem Vater und dem Sohn und dem Heiligen Geist für den glorreichen heiligen Josef und seine großen Gnaden jetzt und alle Zeit und in Ewigkeit. Amen.

O seligster Josef, wir grüßen und verehren dich durch die heiligsten Herzen Jesu und Mariens. Wir erinnern dich heute an die große Traurigkeit, welche dein liebendes Herz zu verkosten hatte, als du mit Maria, der seligsten Jungfrau, Jesus drei Tage lang suchtest. Wir freuen uns mit dir über die Wiederauffindung Jesu im Tempel. Heiliger Josef, wir bitten dich, stehe uns bei und hilf! Lass dir unser großes Anliegen innig empfohlen sein. Erflehe uns die Gnade der wahren Buße und die Beharrlichkeit im Guten bis zum letzten Atemzug, damit wir einst mit dir in der Ewigkeit Jesus und Maria loben und preisen dürfen. Amen.

Litanei und Schlussgebet wie am 1. Tag

6. Tag

Ehre und Dank sei dem Vater und dem Sohn und dem Heiligen Geist für den glorreichen heiligen Josef und seine großen Gnaden jetzt und alle Zeit und in Ewigkeit. Amen.

O seligster Josef, wir grüßen und verehren dich durch die heiligsten Herzen Jesu und Mariens. Wir betrachten, wie du mit deiner Hände Arbeit den Lebensunterhalt der Heiligen Familie verdient hast. Fast dreißig Jahre lang hast du als Hausvater Jesus und Maria geholfen. Heiliger Josef, wir nehmen vertrauensvoll unsere Zuflucht zu dir. Trage unsere Anliegen dem gütigen Heiland vor. Erwirke uns aber auch die Gnade, nach deinem Beispiel allen Müßiggang zu fliehen und im Dienste Jesu und Mariens zu verharren. Erlange uns das große Glück, mit Maria und dir in Ewigkeit den dreieinigen Gott anzubeten, zu lieben und zu preisen. Amen.

Litanei und Schlussgebet wie am 1. Tag

7. Tag
Ehre und Dank sei dem Vater und dem Sohn und dem Heiligen Geist für den glorreichen heiligen Josef und seine großen Gnaden jetzt und alle Zeit und in Ewigkeit. Amen.

O seligster Josef, wir grüßen und verehren dich durch die heiligsten Herzen Jesu und Mariens. Wir erinnern dich an dein trautes Zusammenwohnen mit Jesus und Maria im Haus zu Nazaret. Deine Leiden und Alltagssorgen wurden versüßt, weil der Pflegesohn dir bei der Arbeit half und seine heiligste Mutter liebevoll das Hauswesen besorgte. Heiliger Josef, empfiehl unsere Anliegen deinem geliebten Jesus. Stehe uns bei mit deiner mächtigen Fürbitte. Wir wollen unser Tun und Handeln mit Jesu, Mariens und deiner Arbeit vereinen und sie dem ewigen Vater aufopfern nach seiner Meinung und in der Liebe des Heiligen Geistes. Treuester Josef, wir danken dir für deinen liebevollen Beistand. Amen.

Litanei und Schlussgebet wie am 1. Tag

8. Tag
Ehre und Dank sei dem Vater und dem Sohn und dem Heiligen Geist für den glorreichen heiligen Josef und seine großen Gnaden jetzt und alle Zeit und in Ewigkeit. Amen.

O seligster Josef, wir grüßen und verehren dich durch die heiligsten Herzen Jesu und Mariens. Wir betrachten deine letzte Krankheit, die du so geduldig ertragen hast. In Jesu und Mariens Gegenwart bist du glückselig gestorben und hast die Krone der Unsterblichkeit empfangen. Heiliger Josef, wir rufen dich heute wiederum voll Vertrauen an und übergeben dir unsere Anliegen. Höre und erhöre uns. Lege unser Leben in Jesu und Mariens Hände. Durch deine vielvermögende Fürsprache erlange auch uns einen glückseligen Tod. Amen.

Litanei und Schlussgebet wie am 1. Tag

9. Tag

Ehre und Dank sei dem Vater und dem Sohn und dem Heiligen Geist für den glorreichen heiligen Josef und seine großen Gnaden jetzt und alle Zeit und in Ewigkeit. Amen.

O seligster Josef, wir grüßen und verehren dich durch die heiligsten Herzen Jesu und Mariens. Wir erinnern dich an deine überaus große Glorie, mit der du im Himmel gekrönt worden bist. Wir freuen uns über das Glück, das du die ganze Ewigkeit hindurch genießen darfst. Du herrschest nun mit Jesus und seiner gebenedeiten Mutter Maria und erzeigst dich gegen jene, die dich auf Erden anrufen, als mächtiger und liebevoller Fürbitter am Throne Gottes. – Wir übergeben dir nun endgültig unsere Anliegen; du wirst für alles besorgt sein. Vermittle uns die wahre Liebe zu Gott und dem Nächsten, tugendhaften Wandel, einen seligen Tod und das ewige Leben. Amen.

Litanei und Schlussgebet wie am 1. Tag

Neuntägige Andacht zu Ehren des heiligen Josef

Wenn du willst, dass der Heilige an dieser Übung ein größeres Wohlgefallen habe, so verrichte mit möglichst großer Andacht und festem Vertrauen und suche dich täglich in irgendeiner Sache zu überwinden oder ein Liebeswerk zu tun.

1. Glorreicher heiliger Josef, durch jenen lebendigen Glauben, der dich in allen Wechselfällen des Lebens aufrecht hielt, erlange uns vom Herrn, dass wir diesen kostbaren Schatz stets unversehrt bewahren und nach seinen Grundsätzen leben und sterben.
   Ehre sei dem Vater ...

2. Glorreicher heiliger Josef, durch jene feste Hoffnung auf die himmlischen Güter, die dich stets beseelte, bewirke, dass sich in unserm Herzen niemals das Vertrauen verringern möge durch die Verdienste Jesu Christi und mittels unserer guten Werke. Hilf uns zum himmlischen Paradies zu gelangen.
   Ehre sei dem Vater ...

3. Glorreicher heiliger Josef, durch jene glühende Liebe, die du zu Gott und dem Nächsten trugst, erlange uns die Gnade, dass wir Gott über alle geschaffenen Dinge und unsern Nächsten wie uns selbst lieben.
   Ehre sei dem Vater ...

4. Glorreicher heiliger Josef, durch jene tiefe Demut, die die Segnungen des Himmels auf dich herabzog, erlange uns, dass wir den Stolz immer von uns fern-

halten, damit auch wir die Gnaden verdienen mögen, die den Demütigen verheißen sind.
Ehre sei dem Vater …

5. Glorreicher heiliger Josef, durch jene unbefleckte Reinheit, die dich zum würdigen Bräutigam und Beschützer der Königin der Jungfrauen machte, erlange uns vom Herrn, dass wir diese so schöne Tugend von allem Makel rein bewahren.
Ehre sei dem Vater …

6. Glorreicher heiliger Josef, durch jenen pünktlichen Gehorsam, den du gegen die Befehle des Herrn ausübtest, erlange uns, dass auch wir uns denselben freudig aneignen und unsern Vorgesetzten in Treue Gehorsam leisten.
Ehre sei dem Vater …

7. Glorreicher heiliger Josef, durch jene unüberwindliche Geduld, mit der du die Mühsale dieses Lebens ertragen hast, erlange uns, dass wir mit Ergebung und Ruhe alle Leiden ertragen mögen, die über uns zu verhängen Gotte gefallen wird.
Ehre sei dem Vater …

8. Glorreicher heiliger Josef, durch jene vollkommene Entsagung, die du gegen alle Dinge der Welt übtest, erlange uns, dass wir unser Herz von sündhafter Anhänglichkeit reinigen und es Gott allein schenken.
Ehre sei dem Vater …

9. Glorreicher heiliger Josef, durch jene wunderbare Vereinigung aller Tugenden, welche dir vom Heiligen Geiste den Namen des Gerechten verdient hat, erwirke uns, dass wir stets ein christliches Leben führen und dasselbe durch einen Tod beschließen, der dem deinen ähnlich ist, in der Gemeinschaft Jesu und Marias.
Ehre sei dem Vater …

Salesianisches Sankt-Josef-Triduum mit Worten des heiligen Bischofs Franz von Sales

Am Fest eines heiligen Bekenners beten wir mit der Kirche: „Der Gerechte gedeiht wie die Palme …" (Ps 92,13).

Der Palmbaum, wegen der Schönheit und Köstlichkeit seiner Früchte „König der Bäume" genannt, hat viele besonders vorzügliche Eigenschaften. Es liegt also sehr nahe, den „Gerechten" mit der Palme zu vergleichen, denn die Gerechtigkeit eines Menschen zeigt sich in vielerlei Weisen. Wenn auch alle Gerechten gerecht sind, so sind doch die einzelnen Akte ihrer Gerechtigkeit recht verschiedenartig. Sie sind versinnbildet durch das Kleid des jungen Josef, das buntgestreift, mit verschiedenartigen Blumen durchwirkt war und ihm bis an die Fersen ging (Gen 37,3; 41,42). Jeder Gerechte ist mit dem Kleid der Gerechtigkeit angetan, das ihm bis an die Fersen geht; alle sind Heilige, aber die Art ihrer Heiligkeit ist verschieden, denn es gibt im Himmel ebenso viele Arten von Heiligkeit wie Heilige.

Der heilige Josef, den die Kirche mit der Palme vergleicht, ist nicht bloß Patriarch, er ist der Brautführer aller Patriarchen zum himmlischen Hochzeitsmahl.

Die Kirche hat recht, ihn mit dem Palmbaum zu vergleichen, mit dem König der Bäume, dem

1. die Jungfräulichkeit
2. die Demut
3. die Standhaftigkeit und Tapferkeit

zu eigen sind, drei Tugenden, die der heilige Josef in hervorragender Weise übte.

1. Tag: Die Jungfräulichkeit

Die Palmpflanze hat zwei Geschlechter; sie ist männlich und weiblich. Der Palmbaum, die männliche Pflanze, trägt keine Früchte. Trotzdem ist sie nicht unfruchtbar, denn die Palme, die weibliche Pflanze, hätte ohne den Palmbaum keine Früchte. Steht nämlich die Palme nicht ganz nahe beim Palmbaum, bleibt sie fruchtlos und bringt keine Datteln hervor. Steht sie aber bei ihm, trägt sie viele Früchte. Sie bringt Früchte hervor auf jungfräuliche Art, denn sie wird vom Palmbaum nicht berührt. Sie zeitigt ihre Früchte im Anblick, im Schatten ihres Palmbaumes ganz rein und jungfräulich. Er selber gibt von seiner Substanz nichts dazu.

Die göttliche Vorsehung, die von Ewigkeit her bestimmt hatte, dass „die Jungfrau einen Sohn empfangen" werde (Is 7,14), der Gott und Mensch zugleich ist, wollte auch, dass die Jungfrau vermählt sei. Warum wohl ordnete Gott zwei sich so widersprechende Dinge an, fragen sich die Gottesgelehrten.

Die Mehrzahl der Väter erklärte das so: Die Juden hätten mit Unserer Lieben Frau sicher keine Ausnahme gemacht, hätten sie mit Verleumdungen und Schmähungen nicht verschont, sie hätten sich zum Richter über ihre Unschuld aufgeworfen. Das aber sollte ihr erspart bleiben, ihre Jungfräulichkeit und Reinheit sollte unversehrt bleiben; darum musste die göttliche Vorsehung sie dem Schutz und der Obhut eines jungfräulichen Mannes übergeben. Im „Schatten“ einer heiligen Ehe sollte diese Jungfrau ihr Kindlein, diese „süße Frucht des Lebens“, zur Welt bringen (Hld 2,3).

So war der heilige Josef gleichsam der Palmbaum, der, ohne selber Früchte zu tragen, doch fruchtbar wurde, da er an der Frucht der Palme so großen Anteil hatte. Nicht dass er etwas beigetragen hätte! Er spendete in dieser heiligen Ehe nur den Schatten, der die heilige Jungfrau in der Zeit ihrer Erwartung vor den Verleumdungen verbarg. Wenn die seligste Jungfrau ganz rein und makellos, ja die Jungfräulichkeit selbst war, wie muss dann der gewesen sein, den der ewige Vater zum Herrn ihrer Jungfräulichkeit bestellt hatte? Maria war ihm ganz eigen; sie war ganz nahe zu ihm hingepflanzt als wunderliche Palme, die nach dem Plane der göttlichen Vorsehung nur unter seinem Schatten und unter seinen Augen Frucht bringen konnte und sollte, im Schatten seiner heiligen Ehe, die weder in der äußeren noch in der inneren Gütergemeinschaft und Verbindung eine Ehe im gewöhnlichen Sinne des Wortes war.

Gebet: Heiliger Josef, du Bräutigam der jungfräulichen Gottesmutter, du Nährvater Jesu Christi, du heilbringender Schlussstein in der Zahl der Patriarchen, gegründet in der Demut, fest im Glauben und Hoffen, brennend in der Liebe, ausgezeichnet in der Beschauung, eifrig in der Übung des Guten, fleckenlos in der Jungfräulichkeit, vollkommen in der Standhaftigkeit und Tapferkeit, in allen Tugenden deiner makellosen Braut ähnlich, bitte für mich, die Meinen, sowie für alle wahren Christen.

- Vater unser ...
- 10 Gegrüßet seist du, Maria ...
  mit der Einschaltbitte: Heiliger Josef, Bräutigam Mariens, erwirke uns die Tugend der Reinheit.

2. Tag: Die Demut

Die zweite Eigenschaft des Palmbaumes ist die Demut. Obwohl „König der Bäume", ist er doch ganz demütig, er versteckt seine Blüte in Blattscheiden oder Kapseln, die wie Taschen aussehen.

Bei dieser Eigentümlichkeit der Palme denken wir an den Unterschied zwischen den Seelen, die nach Vollkommenheit streben, den Gerechten also, und den Kindern der Welt. Hat so ein Weltkind, das nur irdischen Gesetzen folgt, einmal einen guten Gedanken oder eine gute Idee, dann hat es keine Ruhe, bis alle, die ihm begegnen, darum wissen. Solchen Weltkindern ergeht es dann wie den Mandelbäumchen, die es im Frühling mit dem Blühen recht eilig haben; kommt Frost über Nacht, erfrieren sie und setzen keine Früchte an. Diese Weltkinder, die im Frühling dieses zeitlichen Lebens aus Hochmut und Ehrsucht ihre Blüten leichtsinnig entfalten, laufen stets in Gefahr, vom Frost überrascht zu werden, der sie dann um die Frucht ihrer Werke bringt.

Die Gerechten hingegen schützen ihre Blüten mit der Demut wie mit einer Blatthülle und verbergen sie soviel als möglich bis zum Sommer ihres Lebens, da Gott, die „Sonne der Gerechtigkeit", ihre Herzen mächtig durchflutet im ewigen Leben, wo sie auf ewig die köstlichen Früchte der Glückseligkeit und Unsterblichkeit tragen werden.

Wie treu war doch darin der heilige Josef! Es ist kaum möglich, diese Tugend in ihrer Größe zu würdigen. In welcher Niedrigkeit lebte er! Unter dieser Armut und Niedrigkeit verbarg er seine hohen Tugenden und Würden. Und was für Würden! Erzieher unseres Herrn und Heilands! Sein Pflegevater und dazu noch Gemahl der heiligsten Gottesmutter! Der heilige Josef war tapferer als David, weiser als Salomon, und dennoch musste er nur Zimmermannsarbeit tun. Er war sehr bedacht, seine Tugenden unter der Hülle der Demut verborgen zu halten. Die kostbare Perle der Jungfräulichkeit verbarg er besonders sorgfältig. Daraus mögen die Jungfrauen und alle, die ein reines Leben führen wollen, lernen, dass es nicht genügt, jungfräulich zu sein, wenn sie nicht zugleich auch demütig sind und ihre Reinheit im kostbaren Schrein der Demut verwahren.

Gab es je, ausgenommen der Demut Mariens, eine größere Demut als die des heiligen Josef? Das Kleinod, das er bei sich hatte, unser Herr und Heiland, war zum großen Teil sein Eigen. Er aber verhielt sich so bescheiden und demütig, als hätte er gar kein Recht darauf, und doch gehörte nächst der allerseligsten Jungfrau das göttliche Kind vor allem ihm; das kann niemand bezweifeln, da es ein Glied seiner Familie und das Kind seiner Gattin war, die ihm angehörte.

Lässt eine Taube eine Dattel, die sie im Schnabel trägt, über einem Garten fallen, so wird doch niemand behaupten wollen, dass dieses aus der Dattel aufsprießende Palmbäumlein der Taube gehöre und nicht dem Besitzer des Gartens. Wenn nun die Himmelstaube, der Heilige Geist, dieses göttliche Samenkorn über dem verschlossenen Garten fallen lässt, – war doch die heilige Jungfrau ein „wohlverschlossener Garten“ (Hld 4,12), ringsum mit dem Gelübde der Jungfräulichkeit und Reinheit wie mit einer Hecke umzäunt, dem glorreichen heiligen Josef zu Eigen, wie die Gemahlin dem Gemahl zu Eigen ist, – wer könnte da bezweifeln, dass die göttliche Palme, die daraus hervorsprießt und Früchte für die Ewigkeit tragen wird, ganz und gar dem heiligen Josef gehört? Und dieser große Heilige verliert darüber seine Ruhe nicht, er ist weder stolz noch eingebildet, er wird im Gegenteil immer noch demütiger.

Da er ihre Würde noch nicht ganz kannte, hatte er es vorgezogen, seine Gemahlin zu verlassen. Und als dann der Heiland und Unsere Liebe Frau ihm in allem gehorchten und nichts ohne seinen Befehl taten, wie groß war da seine Verwunderung über diese Ehre und wie tief demütigte er sich darüber!

Gebet: Heiliger Josef, du himmlischer Pflegevater, du durftest Gottes Sohn liebend an die Brust drücken. Jeder deiner Hammerschläge, jeder Schweißtropfen, jeder Pulsschlag war ein Akt der demütigen Liebe zum fleischgewordenen Wort Gottes. Lehre mich, die mir lieb sind und alle deine Verehrer, in Demut und Einfachheit Gott zu lieben aus ganzem Herzen, aus ganzer Seele, aus ganzem Gemüte und aus allen Kräften.

- Vater unser ...
- 10 Gegrüßet seist du, Maria ...
  mit der Einschaltbitte: Heiliger Josef, Nährvater Christi, erwirke uns die Tugend der wahren Demut.

3. Tag: Die Standhaftigkeit und Tapferkeit

Die dritte Eigenschaft oder Eigenart des Palmbaumes ist Tapferkeit, Ausdauer und Kraft – Eigenschaften, die der heilige Josef in hohem Maße besaß.

Der Palmbaum ist kräftiger, wiederstandsfähiger und ausdauernder als alle Bäume. Er beweist seine Kraft und Standhaftigkeit darin, dass er sich um so höher reckt, je schwerer er beladen ist; darin unterscheidet er sich von den anderen Bäumen und eigentlich von allen Dingen, die sich um so mehr zur Erde neigen, je schwerer ihre Last ist. Die Palme treibt sie immer in die Höhe, und so steht sie aufrecht, und nichts kann sie daran hindern. – Ihre Tapferkeit, wenn man so sagen kann, kommt darin zum Ausdruck, dass ihre Blätter Schwertern gleichen. Man vergleicht also mit Recht den heiligen Josef mit der Palme, denn er war immer standhaft, tapfer und ausdauernd.

Zwischen Standhaftigkeit und Ausdauer ist ein ebenso großer Unterschied wie zwischen Kraft und Tapferkeit. Ein Mensch ist standhaft, wenn er entschlossen und bereit ist, sich gegen die Angriffe des Feindes zu wehren, ohne lange zu zaudern oder mutlos zu werden. Unter Ausdauer und Beharrlichkeit versteht man hingegen das Aushalten in der Verdrossenheit, die sich bei länger andauernden Leiden und Mühseligkeiten einstellt und eine der größten Plagen ist. Ein Mensch ist ausdauernd und beharrlich, wenn er über diese Verdrossenheit so erhaben ist, dass er immer gleichmäßig seinen Willen dem Willen Gottes unterordnet, und sich so andauernd überwindet.

Man ist kräftig, wenn man fähig ist, den Angriffen der Feinde mächtigen Widerstand zu leisten, und tapfer, wenn man sich nicht nur zum Kampf und Widerstand im gegebenen Augenblick bereit hält, sondern auch den Feind angreift, wenn er am wenigsten daran denkt und davon spricht.

Der glorreiche heilige Josef besaß all diese Tugenden und übte sie in hervorragender Weise. Als Unsere Liebe Frau in Erwartung war und er nicht wusste, wie das geschehen sein konnte, bewies er da nicht seine Standhaftigkeit? Er hielt aus. Er klagte nicht, war weder grob noch unliebenswürdig mit seiner Gemahlin. Er tat ihr nichts zuleide. Er behandelte sie ehrfurchtsvoll wie immer.

Im Kampf mit dem Teufel und der Welt, diesen zwei schlimmsten Feinden des Menschen, wie tapfer und kraftvoll war der da! Er besiegt sie durch die vollendete Demut, die ihn in seinem ganzen Leben beseelte. Der Teufel hasst die Demut so glühend, dass er alles mögliche erfindet und vortäuscht, um den Menschen von der Liebe zur Demut abzubringen. Denn er weiß, dass Gott am demütigten Menschen sein Wohlgefallen hat. Wer beharrlich demütig bleibt, ist ein tapferer und starker Mensch, denn er überwindet den Teufel und siegt über die Welt, die voll Ehrgeiz, Hochmut und Eitelkeit ist.

Der heilige Josef übte auch die Tugend des Gehorsams vollkommen. Der Engel befahl ihm, sich eilends aufzumachen, das göttliche Kind und dessen Mutter nach Ägypten zu bringen. Josef ging sofort und fragte nicht lange. Die Ungewissheit der Rückkehr machte ihm das Herz schwer. Er blieb trotzdem immer sanft, gelassen, beharrlich dem göttlichen Willen ergeben, immer bereit, sich in allem von Gott führen zu lassen.

Gott wollte, dass der heilige Josef immer arm bleibe. – Die freiwillige Armut, wie die Ordensleute sie geloben, hat etwas Liebenswürdiges an sich. Sie hindert sie nicht zu haben und anzunehmen, was ihnen notwendig ist. Sie entzieht und verbietet ihnen nur alles Überflüssige. Die Armut der Heiligen Familie war nicht von dieser Art: Das war eine unfreiwillige Armut, aber auch eine demütigende, nirgends gern gesehene, äußerst bittere, aber doch von ihr ungemein geliebte Armut. Jedermann sah im heiligen Josef nur den armen Zimmermann. Er fügte sich in dieser dauernden und erniedrigenden Armut demütig dem Willen Gottes und ließ sich von Gefühlen der Verdrossenheit weder besiegen noch zerbrechen.

Gebet: Heiliger Josef, du unser Schutzpatron, gib uns allen deinen Segen zu allem Beten, Opfern, Leiden und Arbeiten. Erflehe uns von Gott die Tugenden der Klugheit, Gerechtigkeit, Mäßigung und des Starkmuts, sowie der Standhaftigkeit und Tapferkeit. Erbitte uns vom Heiligen Geist die sieben Gaben und die zwölf Früchte. Lehre uns alles nach des Herren heiligstem Willen verstehen, und leite alles zu unserem Besten. Gib uns Sanftmut und stärke uns in der Demut. Erwecke in uns den Geist kindlich eifrigen Gebetes und lass uns der Früchte, Gnaden und Segnungen aller Gottesdienste aller Zeiten und Orte teilhaftig werden.

- Vater unser …
- 10 Gegrüßet seist du, Maria …
  mit der Einschaltbitte: Heiliger Josef, unser Helfer und Patron, erwirke uns vollkommene Standhaftigkeit, Tapferkeit und Beharrlichkeit bis ans Ende.

Drei-Tage-Andacht zum heiligen Josef

1. Tag

Heiliger Josef, du Vorbild der Gerechtigkeit, hilf mir, vor Gott gerecht zu werden, all seinen Geboten und den inneren Einsprechungen zu gehorchen. Lehre mich, in allem die Gleichförmigkeit mit dem Willen Gottes anzustreben wie du. Zeige mir die richtige Haltung und Einstellung dem Nächsten gegenüber. Da du das Geheimnis nicht kanntest, das sich in Maria vollzogen hatte, hieltest du fest am günstigsten Urteil, das du fällen konntest. Erwirke mir deine edle Liebe zum Nächsten und den Wunsch, ihm in allem hilfreich beizustehen. Bewahre mich vor lieblosem Urteil über andere. Flöße mir das Verlangen ein, auch gerecht gegen mich selbst zu sein: nie meinen Sinnen zu schmeicheln, sondern auf dem Weg der Vollkommenheit voranzuschreiten.

Ich preise deine Gerechtigkeit, die du Gott gegenüber hattest, indem du dich aus ganzer Seele und allen Kräften der Erfüllung seines heiligen Willens hingabst. Ich preise deine Gerechtigkeit gegenüber dem Nächsten, die gepaart war mit liebenswürdiger Güte. Ich preise deine Gerechtigkeit gegen dich selbst und deine wahre Nachfolge Christi.

Memorare zum heiligen Josef

Gedenke, reinster Bräutigam der allerreinsten Jungfrau Maria, mein mildreicher Beschützer, heiliger Josef, dass es niemals gehört worden ist, dass jemand deinen Schutz angerufen und dich um Hilfe angefleht habe, ohne getröstet worden zu sein. Mit diesem Vertrauen komme ich, mich dir vorzustellen und empfehle mich dir mit aller Inbrunst. Verschmähe meine Bitten nicht, du Pflegevater des Heilands, sondern nimm sie gütig auf. Amen.

2. Tag

Heiliger Josef, ich betrachte deine hervorragende Heiligkeit, die Größe deiner Verdienste und die Würde, mit der du bekleidet wurdest. Mit Staunen erwäge ich die Unermesslichkeit deiner Glorie. Schon für einen aus Liebe gereichten Trunk Wasser versprach Jesus seine Belohnung. Du verzehrtest sogar dein Leben im Dienste Jesu und Mariens. Gib mir Beständigkeit und Treue in der mir aufgetragenen Berufs- und Alltagspflicht. Stärke und erhalte in mir den Wunsch, in Liebe immer mehr mit Jesus und Maria vereint zu werden.

Ich preise dich, gesetzlicher Gemahl der Königin des Himmels und der Erde. Ich preise dich, Pflegevater des Königs aller Könige. Ich preise dich, der du von der heiligsten Dreifaltigkeit mit hoher Ehre und Herrlichkeit ausgezeichnet wurdest.

Memorare zum heiligen Josef wie am 1. Tag

3. Tag

Großer Patriarch Josef, würdig, unter allen Heiligen besonders verehrt, geliebt und angerufen zu werden! Ich bewundere deine Verdienste, Glorie und mächtige Fürbitte und erwähle dich in der Gegenwart Jesu, der dich zu seinem Pflegevater erkor, und Maria, die dich als Bräutigam annahm, heute zu meinem Fürsprecher, Vater und Beschützer. Dich will ich lieben und verehren, alle Tage meines Lebens. Wende mir deinen besonderen Schutz zu und nimm mich auf in die Zahl deiner ergebenen Verehrer. Stehe mir bei in allen Lebenslagen und Tätigkeiten und besonders in der Stunde des Todes.

Ich preise dich, heiliger Josef, der auf Erden über Jesus und Maria wachte, und empfehle mich in deinen liebevollen Schutz. Ich preise dich, großer Schutzpatron, und danke dir für deinen steten Beistand. Ich preise dich, mächtiger Nothelfer und Schirmherr, und empfehle Papst, Bischöfe, Priester und Ordensleute, Volk und Vaterland deiner väterlichen Obsorge.

Memorare zum heiligen Josef wie am 1. Tag

Eine dreitägige Andacht zu Ehren des heiligen Josef bringt Hilfe

Der Zögling Achill des römischen, von den Jesuiten geleiteten Kollegs wurde 1842 gefährlich krank. Er wurde so entsetzlich von schweren Hustenanfällen gequält, dass man fürchtete, eine Ader könnte platzen. An der Heilung zweifelnd, sagte der Arzt des Kollegs zum Pater Rektor: „Ich kann nichts mehr tun für diesen unglücklichen Menschen. Er naht dem Ende seines Lebens, außer Sie hätten ein übernatürliches Mittel, das die medizinische Wissenschaft ersetzt."

Der Rektor ermunterte die Zöglinge, eine dreitägige Andacht zu Ehren des heiligen Josef, dem Patron des Kollegs, zu halten, um durch seine mächtige Vermittlung die Genesung ihres Mitschülers zu erwirken. Da gerade die Karwoche begann, die Zöglinge sich mehr verinnerlichten und beteten und sich auf die Osterkommunion vorbereiteten, wurde ihr Gebet wunderbar erhört.

Am heiligen Mittwoch, dem letzten Tag der Andacht während sie in der Kapelle weilten, sahen sie den jungen Achill am Arm eines Paters eintreten. Groß war die Freude, Verwunderung und auch die Dankbarkeit der jungen Leute, als sie ihr Gebet so auffallend erhört sahen.

Sankt-Josef-Drei-Tage-Andacht

1. Tag

Verschiedene Patriarchen waren in gewissem Sinn ein Vorbild des Pflegevaters Jesu. Am auffallendsten gilt dies vom ägyptischen Josef. Beide trugen den gleichen Namen, und auch ihre Väter wurden beide Jakob genannt.

Im Leben der beiden Josefs findet man überraschende Ähnlichkeiten in bezug auf ihre Tugenden, Prüfungen und Freuden. Sie waren gerecht und gaben sich mit Leib und Seele ihrer Sendung hin. Der eine wie der andere Josef wurde infolge widriger Umstände nach Ägypten geführt. Josef des Alten Bundes konnte Träume deuten. Sein künftiges Geschick wurde ihm dadurch vorgezeigt. Josef von Nazaret erhielt ebenfalls im Traum Weisungen des Herrn. Die Träume des ersten Josefs wurden eigentlich erst in der Sendung des zweiten voll und ganz Wirklichkeit.

Der ägyptische Josef gewann das Vertrauen und die Gunst des Pharao, erhielt die Aufsicht über die Kornspeicher Ägyptens und, als auf Erden große Hungersnot herrschte, brachte er das Land zu Blüte und Wohlstand. Der Pharao bewunderte Josefs Weisheit und machte ihn zum Vizekönig.

In ähnlicher Weise erhielt der heilige Patriarch und

Pflegevater Josef den Auftrag, der Familie von Nazaret Brot zu verschaffen. Später erhielt er die Sendung, Behüter des Christentums, Patron und Schutzherr der Kirche zu sein, die wirklich das Haus des Herrn und das Reich Gottes auf Erden ist.

Die auffallende Ähnlichkeit wird vervollständigt durch eine den beiden gemeinsame Tugend: die Keuschheit. Der erste wies die Frau Potifars, die ihn zur Unzucht verleiten wollte, mit den Worten ab: „Alles, was mein Herr besitzt, hat er mir übergeben. Er hat mir nichts vorenthalten als dich, weil du seine Frau bist."

Noch vollkommener war die Keuschheit des zweiten Josef. Er enthielt sich nicht nur jeder sündhaften Tat, sondern betrachtete Maria, die Braut des Heiligen Geistes, als Gut Gottes und behandelte sie mit ausgesuchter Ehrfurcht. Er hegte große Verehrung für sie, weil er wusste, dass Gott ihm die reinste der Jungfrauen zur Behütung anvertraut hatte.

Gebet: Ewiger Vater, von dir hat jede Vaterschaft im Himmel und auf Erden ihren Namen. Auf Erden soll jeder Vater ein Abbild von dir sein. In ganz besonderer Weise offenbarest du im heiligen Josef einen Abglanz deiner ewigen Vaterschaft. Du ließest ihn teilnehmen an den Vaterrechten über deinen eingeborenen Sohn. Du wecktest in seinem Herzen eine große Liebe zu ihm. Durch die Fürbitte des heiligen Josef gewähre mir die Gnade ...

- Ehre sei dem Vater ...
- Vater unser ...
- 10 Gegrüßet seist du, Maria ...

mit der Einschaltbitte: Heiliger Josef, du Bewahrer großer göttlicher Geheimnisse, teile sie uns und den Priestern mit.

2. Tag

Wenig berichtet uns die Heilige Schrift vom heiligen Josef. Das Wenige aber genügt für jeden Einzelnen und jeden Stand, ihn zum Vorbild zu nehmen.

Der heilige Matthäus schreibt: „Er war gerecht." Das Lob, das die Heilige Schrift Josef spendet, besagt in seinem wirklichen Sinn Heiligkeit in jeder Beziehung. Die hier gemeinte Gerechtigkeit besteht nicht bloß darin, dass man den Nächsten das gibt, das ihnen gebührt, sondern in jener umfassenden Vollkommenheit, worin der Mensch mit dem Gesetz Gottes völlig in Einklang steht und seinen Willen vollkommen erfüllt.

Das Wort „Gerechtigkeit" bedeutet in der Sprache der Bibel die Summe aller Tugenden. Der Gerechte des Alten Testamentes ist jener, den das Evangelium heilig nennt. Gerecht ist, wer das Böse flieht und das Gute übt, wer herzensrein und makellos im Denken, Wünschen, Reden und Tun ist und alle Pflichten gegenüber Gott, dem Nächsten und sich selbst erfüllt. Gott hatte Josef gerecht gemacht, damit er der Größe seiner Aufgabe gewachsen sei.

Wenn Gott einem Menschen einen Auftrag erteilt, gibt er ihm stets auch die entsprechende Gnade dazu. Am Menschen liegt es, mit der Gnade Gottes mitzuwirken. – Der Herr erfüllte Josef mit Gerechtigkeit, Weisheit und Heiligkeit, da er ihn zum Gemahl Marias, der Mutter des menschgewordenen Wortes und zum jungfräulichen Vater Jesu auserwählt hatte.

Gebet: Mensch gewordener Sohn Gottes, du erwähltest den heiligen Josef zu deinem Pflegevater. Du gabst ihm das Recht, wie ein Vater für dich zu sorgen, dich in seine Arme zu schließen und dir zu befehlen. Himmel und Erde beugen sich vor dir, doch du warst ihm gehorsam, wohntest in seinem Haus und vertrautest dich seiner Obhut an. Um deiner Liebe zu Josef willen hilf mir in meinem jetzigen schweren Anliegen …

- Ehre sei dem Vater …
- Vater unser …
- 10 Gegrüßet seist du, Maria …
  mit der Einschaltbitte: Heiliger Josef, du Vorbild des Gehorsams und der Demut, ordne unser inneres und äußeres Leben.

3. Tag

Der Tod ist für den Menschen ein ernstes und schweres Erlebnis. Er bedeutet nicht nur Abbruch des Zeltes auf Erden, Abschied, Trennung von allem, das jedem Einzelnen lieb und teuer ist, sondern zugleich Übergang von der Zeit in die Ewigkeit, wo die Abrechnung des göttlichen Richters erfolgt.

Die heilige Kirche erwählte den Nährvater Christi zum Patron der Sterbenden. Der heilige Josef ist nicht nur das herrliche Vorbild eines guten Sterbens, Helfer in der letzten bangen Stunde, sondern auch mächtig und angesehen durch seine Fürbitte beim ewigen Richter. Die ganze Christenheit ruft den heiligen Josef als Patron des guten Todes an. Er, der einst Jesus vor Herodes schützte, darf die Sterbenden vor dem Angriff der Hölle schirmen.

Gebet: Gott Heiliger Geist, vom Josef des Alten Bundes sprach der König der Ägypter: „Könnten wir wohl einen Mann finden, in dem der Geist Gottes wohnt wie in diesem?“ Im heiligen Josef nahmst du mit viel reicheren Gaben Wohnung und vertrautest ihm das Größte an: deine heiligste Braut und die gebenedeite Frucht ihres Leibes. Auf die Fürsprache Mariens und Josefs entflamme in mir große Gottes- und Nächstenliebe. Schenke mir in reichem Maße Weisheit und Heiligkeit. Gewähre mir um der Verdienste Jesu, Mariens und Josefs willen Erhörung in meinen jetzigen schweren Anliegen und einst dein Licht, deinen Trost und deine Freude im Sterben.

Heiliger Josef, du großer Schutzpatron der Sterbenden, du durftest unter dem Beistand deines geliebten Pflegesohnes Jesus und deiner reinsten Braut Maria aus diesem Leben scheiden. Komm mit Jesus und Maria einst auch zu meinem Sterbelager, um mich zu trösten und zu schützen. Erflehe mir das große Geschenk, vor meinem Hinscheiden die heiligen Sakramente empfangen zu können. Gieße dann das kostbare Blut Jesu und die Tränen Mariens auf meine Seele, damit ich rein von allen Sünden und Sündenstrafen voll Vertrauen auf Gottes Barmherzigkeit meine irdische Wanderschaft beschließe und eingehen darf in die Freuden des Herrn. In kindlicher Liebe baue ich auf deine Hilfe auch in meinen jetzigen schweren Anliegen …

- Ehre sei dem Vater …
- Vater unser …
- 10 Gegrüßet seist du, Maria …
  mit der Einschaltbitte: Heiliger Vater Josef, hilf

uns aus aller Not und Bedrängnis und steh uns im Sterben bei.

Der Schirmherr des Hauses wachte

Diesen Tatsachenbericht erzählte eine Ordensschwester: Heute hat mir der heilige Josef einmal gezeigt, wie er uns hilft, ohne dass wir auch nur eine Ahnung haben.

Im Josephshaus – dem Schlafsaal unserer Zöglinge – musste etwas repariert werden. Ich führte den dazu gerufenen Arbeiter durch den unterirdischen Gang hinüber. Wir kamen zu der Nische, wo der heilige Josef in Lebensgröße aufgestellt ist und wo unsere Kinder vor dem Schlafengehen sich so gerne noch den Abendsegen holen. Beim Anblick der Statue geriet der Mann in sichtliche Aufregung. Es entschlüpfte ihm der Ruf: „Da steht er jetzt – der ist's gewesen!" Ich war stutzig, wollte aber nicht weiter fragen.

Wir machten unsere Geschäfte ab, und ich bemühte mich, besonders freundlich zu sein. Schließlich fasste ich Mut und sagte zu ihm: „Warum waren Sie denn so erschreckt bei der Statue dort, und was hatte der Ruf zu bedeuten: „Der ist's gewesen"?"

„Ja, wissen's", meinte der Arbeiter verlegen, „da muss ich ihnen schon etwas eingestehen. Ich war voriges Quartal bei Ihnen mit noch ein paar Arbeitern. Da haben wir uns manches gemerkt, besonders in den Kellern, was wir brauchen könnten. Wir bestellten uns an einem Abend zur bestimmten Stunde zusammen und wollten bei ihnen einbrechen. Alles war gut ausgedacht; auf die Minute trafen wir uns vor diesem Haus.

Aber da ging immer ein Mann auf und ab. Wir hofften, er würde bald wieder gehen, und blieben abseits stehen. Aber der Mann ging nicht fort. Er sah so kraftvoll und ganz drohend aus, dass keiner es gewagt hätte, sich zu nähern. Wir mussten, ob wir wollten oder nicht, unverrichteter Dinge nach Hause gehen. Ich habe seither den Mann nie mehr gesehen – aber jetzt da drinnen habe ich ihn gleich wieder erkannt. Gerade so hat er ausgeschaut. Das war er!"

Tief ergriffen hatten wir gelauscht, und als wir in die Kapelle kamen, stieg ein Dankgebet aus unserem Herzen zum lieben heiligen Josef, der unsere tägliche Bitte erhört hat: „O schließe du doch alles aus, was schaden könnte unserem Haus!"

Der größte Sankt-Josefs-Verehrer unserer Tage – Bruder Andreas

Bruder Andreas Bessette wurde am 9. August 1845 als sechstes von zehn Kindern im Dorf Saint Gregoire, östlich von Montreal, Kanada, geboren und auf den Namen Alfred Josef getauft. Früh verlor er seinen Vater, der Zimmermann war. Mit zwölf Jahren starb dem kränklichen Jungen auch die Mutter und er kam zu seiner Tante nach Saint Cesaire. Der dortige Pfarrer führte diesen demütigen, stillen Menschen in geistlicher Weise. Er sagte zu ihm: „Rufe oft den großen Beschützer Kanadas an. Er wird dich erhören und mit zahlreichen Wohltaten überhäufen, denn der heilige Josef vermag alles bei Gott."

Alfred Josef kam als 15-jähriger in die Landwirtschaft und anschließend in eine Schmiede. Zwanzig

Jahre alt und immer noch kränklich, wechselte er seine Beschäftigung und zog in die USA. Dort arbeitete er in einer Spinnerei zu Herford.

Da er von Heimweh und Krankheit geplagt wurde, kehrte er nach Kanada zurück. Sein priesterlicher Freund, der Pfarrer von Saint Cesaire, der ihn auch aus der Ferner immer geleitet hatte, riet ihm, Laienbruder in der Genossenschaft der Heilig-Kreuz-Patres zu werden.

Mit 25 Jahren trat Alfred Josef Bessette dort ein und erhielt als Novize den Namen Andreas. Da er sehr befürchtete, wegen seiner schwachen Gesundheit nicht zur Profess zugelassen zu werden, versprach er dem heiligen Josef, auf dem Hügel gegenüber dem Kolleg ein Heiligtum zu dessen Ehre zu errichten.

Am 28. Dezember 1871 durfte er die heiligen Ordensgelübde ablegen. Bruder Andreas wurde nach dem Noviziat Pförtner des Klosters. Dadurch kam er mit vielen Menschen und deren Nöten in Berührung. Viele Leidende baten um sein Gebet und um seine Fürsprache beim heiligen Josef. Es erfolgten Wunder über Wunder, die fast unbeschreiblich sind. Sein Ruf verbreitete sich weit über die Grenzen Kanadas. Viele spendeten reichliche Geldgaben. Schließlich konnte Bruder Andreas dem heiligen Josef die versprochene Basilika bauen.

Kurz vor deren Fertigstellung starb der große Diener des heiligen Josef, am 6. Januar 1937. Es ging ein Jubel durch die Reihen der Josefsverehrer, als am 23. Mai 1982 Papst Johannes Paul II. den großen Bruder von Montreal selig sprach. (Am 17. Oktober 2010 erfolgte schließlich die Heiligsprechung!)

In großer finanzieller Not hat der heilige Josef geholfen

Es gibt wohl kein Anliegen im Bereich des menschlichen Lebens, bei dem man vergebens die Hilfe des heiligen Josef angerufen hätte.

So erzählte mir Prof. Albert Drexel, Egg bei Zürich, dass er einmal in einer überaus schweren finanziellen Notlage gewesen sei. Er sollte ein größeres Darlehen, das er für einen karitativen Zweck aufgenommen hatte, plötzlich ganz kurzfristig zurückzahlen.

Da alle Bemühungen scheiterten, vom Gläubiger einen Aufschub des Zahlungszieles zu erlangen, wandte er sich mit großem Vertrauen an den heiligen Josef, den er sehr verehrte. Tag um Tag aber verging. Alle Bemühungen, irgendwoher das viele Geld zu beschaffen, schlugen fehl.

Als die letzte Stunde heranrückte und der Gläubiger bereits mit gerichtlichen Maßnahmen drohte, machte sich Prof. Albert Drexel zu Fuß auf den Weg. Er wollte den Gläubiger in einem persönlichen Gespräch noch einmal um einen Zahlungsaufschub bitten. Ein treuer Freund sollte ihn auf diesem schweren Gang begleiten, und diesen wollte er eben zur Reise abholen.

Als er eine Straße in Zürich überquert hatte, kam ihm ein älterer, liebenswürdiger Mann mit Bart (was zu damaliger Zeit recht ungewöhnlich war) entgegen, bekleidet mit einer Pelerine (Umhang). Er lächelte ihn gütig an und fragte, ob er nicht Albert Drexel sei. Als er dies bejahte, nahm der Mann aus der Rocktasche einen großen dicken Brief und drückte ihn Prof. Drexel in die Hand. Dieser sei für ihn bestimmt. Erstaunt nahm er den Brief in Empfang und tat ihn in seine Rocktasche. Er fragte: „Von wem ist der Brief?“ (Er wollte die Adresse, um sich bedanken zu können.) „Suche nicht nach dem Spender, schau nach oben, es kommt von oben.“

Kaum hatte er sich stammelnd bei ihm bedankt, war der gütige Mann seinen Augen entschwunden. Prof. Drexel schaute die Straße auf und ab, aber von dem Mann war nichts mehr zu sehen.

Er ging gleich, ohne nachzusehen, was sich in dem Brief befand, in das nahe liegende St. Elisabetenhaus, das ihm gut bekannt war. Er gab den Brief der Pfortenschwester und erzählte, wie er soeben diesen Brief bekommen habe. (In seiner Bescheidenheit und Demut wollte er nicht selbst den Brief öffnen.) Die Pfortenschwester holte noch Mitschwestern herbei, und als sie den Brief öffnete, kam genau so viel Geld zum Vorschein, wie zur Tilgung der großen Schuld dringend benötigt wurde. Zu den Schwestern des Elisabetenhauses sagte Prof. Drexel: „Es gibt keinen besseren Helfer in den schwierigsten Anliegen als den heiligen Josef.“

Die Liebe zu diesem Heiligen durchzog sein ganzes Leben. Als Prof. Drexel auf dem Sterbebette lag, schaute er plötzlich selig lächelnd nach oben zur Zimmerecke. Sr. Antonia Meyers bemerkte dies und fragte, warum er denn immer dorthin schaue. Er sagte: „Er kommt mich abholen“ –„Wer kommt dich abholen?“ – „Der heilige Josef.“ – Da wusste Sr. Antonia, dass es diesmal ernst sei, obwohl sie noch fest gehofft hatte, dass Prof. Albert Drexel wieder gesund würde. Und wirklich, wenige Minuten später nahm Prof. Drexel Abschied von dieser Erde.

Josef Künzli

Psalmen auf den Namen des glorwürdigen heiligen Vaters Joseph

Unter deinen Schutz und Schirm fliehen wir, o heiliger Nährvater Jesu! Verschmähe nicht unser Gebet in unseren Nöten, sondern erlöse uns allezeit von allen Gefahren, o du glorwürdiger und gebenedeiter Vater Joseph.

Erster Psalm – „J"

Joseph, du bist mächtig und groß und überaus lobwürdig, und du thronst ewig zur Rechten deiner unbefleckten Braut!

Im Himmel und auf der Erde wird deine Barmherzigkeit und Güte gepriesen, dein Pflegesohn segnet die Werke deiner Hände.

In deiner Liebe sieh auf uns, deine Diener, und trage unsere Anliegen deinem Sohne vor.

Ich vertraue fest auf deine Fürbitte; denn deinen Bitten kann der Herr nicht widerstehen.

In dir finden wir in allen Anliegen einen Helfer und Beschützer; du schützest uns von allen Feinden.

Flehend und betrübten Herzens kommen wir zu dir; und von dir gehen wir getröstet und gestärkt von dannen.

Joseph, Sohn Davids, erbarme dich unser, denn du bist nach Maria unsere größte Hoffnung und das Licht aller, die auf dich vertrauen!

Ich bitte dich, liebevoller Vater, bitte du für uns, wende unsere Trauer in Freude.

Je größer die Not und das Elend ist, in welcher wir uns befinden, desto größer ist auch deine Bereitwilligkeit, uns helfen zu wollen.

Jener, welchen du als Kind pflegtest und ernährtest, kann dir keine Bitte versagen, sondern sendet uns durch dich Hilfe.

In deine Hände empfehle ich mein Anliegen, meinen Leib und meine Seele: mein ganzes Leben und die Stunde meines Todes.

Ehre sei dem Vater und dem Sohn und dem Heiligen Geist, wie im Anfang, so auch jetzt und alle Zeit und in Ewigkeit.
Amen.

Zweiter Psalm – „O"

O Sünder, kommet zu Joseph, lasst uns vor seinen Füßen niederwerfen, dieselben umfangen und ihn um Schutz anrufen.

Öffnet eure Herzen und traget ihm eure Anliegen und Nöte vor, und ihr werdet getröstet werden.

Obwohl wir unserer Sünden wegen deines Schutzes nicht würdig sind, so bitten wir dich doch, uns ein liebevoller Schutzherr zu sein.

Ordne du unsere Angelegenheiten bei dem Herrn, und wir erlangen Verzeihung unserer Vergehungen.

O ihr Völker der Erde! Seid wachsam auf die Gebote des Herrn und vergesset Joseph nicht, und ihr werdet glückselig sein.

Oberhaupt der Heiligen Familie: Merke auf unser Rufen und tröste unsere betrübten Herzen und trage unsere Anliegen deinem göttlichen Sohne vor.

Oft hast du uns schon befreit aus den Händen unserer Feinde und unsere Schritte vom Pfad der Sünde abgelenkt.

O wir Pilger im Tale des Jammers haben im Himmel einen mächtigen Fürbitter. Wendet er uns sein Angesicht zu, so erfüllt unsere Herzen Trost und Freude. Opfert ihm auf eure Herzen und all euer Tun und Lassen, erflehet euch dafür bei seinem Pflegesohn Segen und inneren Frieden.

Oft hat er uns schon gerettet aus den Gefahren des zeitlichen und ewigen Todes; und seinen Beistand versagt er keinem, der bei ihm Hilfe sucht.

Ehre sei dem Vater und dem Sohn und dem Heiligen Geist, wie im Anfang, so auch jetzt und alle Zeit und in Ewigkeit. Amen.

Dritter Psalm – „S"

Schutz und Hilfe finden wir bei dir, o heiliger Vater; du hast die Macht unserer Feinde vernichtet.

Sende uns die Engel des Himmels entgegen, damit sie uns vor unseren Feinden beschützen und bewahren!

Sorge du für uns, deine treuen Diener, und Trübsal und Gefahr wird von uns weichen!

Sei du unser Fürsprecher bei deinem göttlichen Pflegesohn, und sein Zorn wird besänftigt werden!

Sieh' an unsere Armut und zögere nicht länger, unsere Not und Trübsal zu wenden!

Schenk' uns, o liebreicher Vater, den Reichtum deines Herzens, so wird sich unsere Liebe zu Gott neu entzünden!

Sei uns durch deinen Beistand eine Stätte der Zuflucht, und reiche uns deine barmherzigen Hände, die uns aus dem Elend befreien.

Steh' du uns zur Seite, rate und trage Sorge für uns, und alle Übel müssen von uns weichen. Schaue mit deinen barmherzigen Augen auf uns, deine Diener und Dienerinnen, und lass sie in Gefahren nicht unterliegen.

Seligster Joseph! Erfleh' uns bei deinem Sohn die Reichtümer aller Tugenden, so wird sich uns der Zorn Gottes nicht nahen.

Sei eingedenk, o liebevoller Vater, deiner Erbarmungen und richte unsere niedergeschlagenen Herzen auf durch den Anblick deines Angesichtes.

Ehre sei dem Vater und dem Sohn und dem Heiligen Geist, wie im Anfang, so auch jetzt und alle Zeit und in Ewigkeit. Amen.

Vierter Psalm – „E"

Es ruhet in dir, o heiliger Joseph, mein ganzes Vertrauen wegen der Ergebenheit, die Jesus und Maria stets zu dir hatten.

Eile mir zu helfen und schlichte du meine Vergehen, mein Vertrauen auf dich wird nicht zu Schanden werden.

Erleuchte uns mit dem Glanz deiner Barmherzigkeit und führe uns mit schützender Hand aus den Schlingen der Feinde.

Erneuere an uns die vielen Wunder, die durch deine Fürbitte geschahen, und lass uns die mächtige Hilfe deines Armes erfahren.

Errette und tröste uns, o liebevoller Vater, durch deine Fürbitte: denn dir war ja zur Pflege anvertraut der wahre Sohn Gottes.

Es ist unmöglich, dass wir in unseren Anliegen nicht Erhörung finden sollten, wenn du unser Fürsprecher bist und unser Anwalt.

Erhöre unser Gebet, und in deine Ohren dringe unser Bitten; verschmähe doch die Stimme deiner Kinder nicht.

Ernährer des ewigen Wortes! In deine Hände legen wir die Anliegen und Wünsche unserer Herzen, und hoffen auf dich, unseren Vermittler.

Erbitte all denen, die dich anflehen, dass sie in ihren Nöten erhört werden und Gnade bei Gott finden.

Erfahren werden alle die Wirkungen deiner barmherzigen Hilfe, die dich in Gefahren, Zweifeln, in jeder Verlegenheit um Beistand anrufen.

Es ist noch nie gehört worden, dass jemand, der zu dir seine Zuflucht nahm, von dir nicht sei erhört worden.

Erquickung und heilsame Arznei finden alle, welche vertrauensvoll zu dir kommen; und die betrübten Gemütes sind, labst du mit deiner väterlichen Güte.

Ehre sei dem Vater und dem Sohn und dem Heiligen Geist, wie im Anfang, so auch jetzt und alle Zeit und in Ewigkeit. Amen.

Fünfter Psalm – „P“

Pflegevater meines Herrn: Sie meine Trübsal und Not und komme mir zu helfen.

Port der Seligkeit bist du mir und allen, die dich um deine Hilfe anrufen.

Pforte des Himmels können wir dich mit Recht nennen, denn du führest die dich anrufen in die Freuden deines Herrn.

Preis, Ehre und Dank sind wir dir schuldig für die vielen Wohltaten, die wir von dir empfangen durften.

Proben deiner mächtigen Fürbitte erfahren täglich all jene, die mit Vertrauen ihre Anliegen dir vortragen.

Pflichtgetreu war dein Wandel, und du bist uns zum Vorbild geworden; daher soll auch unser Bestreben sein, dir in allem gleich zu werden.

Pflanze ein in unsere Herzen deine Demut, Sanftmut und deinen Gehorsam, und wir werden dem Herrn wohlgefällig werden.

Pracht und Herrlichkeit erntetest du für deine

Armut, und dein Mühen wurde entlohnt mit der Krone der ewigen Glorie.

Patron aller Armen und Betrübten, nimm von mir meine Trübsal und Schmerzen, und gib mir Trost in mein betrübtes Herz.

Pest, Hunger und Krieg und alle Übel mussten auf deine Fürbitte weichen, sollten wir in unseren Leiden und Trübsalen nicht Erhörung finden?

Palme des himmlischen Paradieses, lass uns ruhen unter dem Schatten deines mächtigen Schutzes, und unsere Leiden und Schmerzen werden in Freuden verwandelt werden.

Ehre sei dem Vater und dem Sohn und dem Heiligen Geist, wie im Anfang, so auch jetzt und alle Zeit und in Ewigkeit. Amen.

Sechster Psalm – „H“

Heiliger Vater Joseph! Sei gegrüßt, du bist die Gnadenquelle aller Betrübten und Leidenden.

Höre unser Flehen und lass uns im Vertrauen auf deine Hilfe nicht zu Schanden werden: du bist ja stets deinen Dienern ein liebevoller Vater gewesen.

Heile unsere Gebrechen und wasche unsere Seele rein von aller Makel der Sünde.

Hebest du deine Hände bittend für uns zu Gott empor, so weicht alle Trübsal von uns, und durch dein mächtiges Wort wird jeder Schmerz versüßt.

Haben wir dich zum Fürbitter, so können wir mit Zuversicht Verzeihung unserer Sünden und Erhörung in unseren Anliegen hoffen.

Helfer der Notleidenden, tritt hin zum Throne deines Pflegesohnes, für uns zu bitten, damit wir durch dich von unseren Ängsten befreit werden.

Hilfe fließt uns durch die Kraft deines Namens zu: Denn wie könnte Jesus uns eine Bitte versagen, die wir in seines Vaters Namen vortragen.

Halte deinen schützenden Mantel über deine Kinder, und alle Kleinmut und Trauer muss weichen.

Himmlischer Friede und Ruhe wird einziehen in unsere Herzen, wenn wir dich zu unserem Fürsprecher und Vater haben.

Heiliger Vater Joseph, alle Geschlechter der Erde sollen dich verehren und lieben: alle Engel des Himmels deine Herrlichkeit loben.

Ehre sei dem Vater und dem Sohn und dem Heiligen Geist, wie im Anfang, so auch jetzt und alle Zeit und in Ewigkeit. Amen.

Herr, erbarme dich unser!
Christus, erbarme dich unser!
Herr, erbarme dich unser!
Vater unser …

V. Er hat ihn zum Herrn seines Hauses bestellt.
A. Und zum Verwalter aller seiner Güter.
V. Bitte für uns, o heiligen Vater Joseph,
A. auf dass wir würdig werden der Verheißungen Christi!

Lasset uns beten! Wir bitten dich, o Herr, lass uns durch die Verdienste des Bräutigams deiner allerheiligsten Gebärerin geholfen werden, damit, was unser Vermögen nicht erhalten kann, uns durch seine Fürbitte geschenkt werde, der du lebst und herrschest von Ewigkeit zu Ewigkeit. Amen.

Jesus, Maria und Joseph seien gelobt von nun an bis in Ewigkeit. Amen.

Pater Benedikt Stolz OSB

Quellennachweis

Flagel, *St. Josef, Haupt der Familie*, Verlag G. Lins, Altenstadt, Vorarlberg

Hamburger, *Der hl. Josef, seine Gestalt und sein Leben*, Verlag Anton Pustet, Salzburg

Holböck/Isenegger, *Klopft an!* Novenensammlung, Parvis-Verlag, Hauteville-Bulle 1979

Holböck/Isenegger, *Perlen und Rosen*, Miriam-Verlag, Jestetten

Isenegger, *Goldperlen für die Ewigkeit*, Parvis-Verlag

Isenegger, *Schatzkästlein des christlichen Bittgebetes*, Parvis-Verlag, 1975

Kathriner, *Sankt Josef, Mann des Glaubens*, Opus-Christi-Verlag, Kehrsiten

Manz, Sämtliche Werke des hl. Alphons Maria von Liguori, Verlag Manz, Regensburg

Maria von Agreda, *Leben der jungfräulichen Gottesmutter Maria*, Miriam-Verlag, Jestetten

Rösch, *Das Neue Testament*, Verlag Ferdinand Schöningh

Rondet, *Josef von Nazareth*, Herder-Verlag, Freiburg

Schönenberger, *Sankt Josef, der große Freund und Helfer*, Kanisiusverlag, Freiburg

Seitz, *Die Verehrung des hl. Josef in ihrer geschichtlichen Entwicklung bis zum Konzil von Trient*, Herder-Verlag 1908

Soengen, *Der hl. Josef*, Verlag G. J. Manz, Regensburg 1909

Sales, *Geistliche Gespräche* Band 2, herausgegeben in deutscher Sprache von den Oblaten des hl. Franz von Sales, Franz-Sales-Verlag, Eichstätt 1958

Stolz, *Cherub auf dem Gotteshügel*, Christiana-Verlag, Stein am Rhein, 1971

Walter, *Geht alle zum hl. Josef*, Seeverlag, Höchst

Weigl, *Sankt Josef, auch dein Helfer; Und wieder half der hl. Josef; Geht alle zu Josef; Mutter Vogls weltweite Liebe*, St. Grignion-Verlag, Altötting

Verehrung des hl. Josef, Kleinschrift, WKS-Sekretariat, Ochsenhausen